应用型本科高校教师发展研究

张芮馨 著

中国原子能出版社

图书在版编目（CIP）数据

应用型本科高校教师发展研究 / 张芮馨著. -- 北京 ：中国原子能出版社, 2024. 5. -- ISBN 978-7-5221-3432-1

Ⅰ. G645.12

中国国家版本馆 CIP 数据核字第 20245CZ944 号

应用型本科高校教师发展研究

出版发行	中国原子能出版社（北京市海淀区阜成路 43 号　100048）
责任编辑	杨　青
责任印制	赵　明
印　　刷	北京金港印刷有限公司
经　　销	全国新华书店
开　　本	787 mm×1092 mm　1/16
印　　张	13.25
字　　数	203 千字
版　　次	2024 年 5 月第 1 版　2024 年 5 月第 1 次印刷
书　　号	ISBN 978-7-5221-3432-1　　　定　价　**72.00** 元

发行电话：010-68452845

前　言

很多新成立的本科学校，在高等教育普及化的背景下，以自身的实际情况为基础，把建成高水平的应用型高校作为目标，努力为国家培养应用型优秀人才。人才的培养离不开教师的教学，应用型本科高校教育质量的关键在于应用型本科高校教师的能力和素质。因此，积极探索和实践以提高人才培养质量为核心的特色发展之路，构建与人才培养目标相适应的师资队伍，成为应用型本科高校快速提升学校实力、彰显办学特色的一项重要举措。

本书共分为五章：第一章为导论，主要就研究背景、研究问题、概念界定、研究意义四个方面展开论述；第二章为应用型本科高校教师发展的成因，主要围绕应用型本科高校建设的影响、加快培养应用型人才的要求展开论述；第三章为应用型本科高校教师发展状况分析，依次介绍了应用型本科高校教师发展变迁、应用型本科高校教师发展趋势、应用型本科高校教师发展问题三个方面的内容；第四章为围绕专业能力促进应用型本科高校教师发展，依次介绍了应用型本科高校教师专业能力构成分析、应用型本科高校教师专业能力提升的经验借鉴、应用型本科高校教师专业能力提升的逻辑三个方面的内容；第五章是围绕评价制度促进应用型本科高校教师发展，分为三部分内容，依次是应用型本科高校教师评价的定位、应用型本科高校教师评价制度保障、应用型本科高校教师评价制度实施路径。

在撰写本书的过程中，笔者参考了大量的学术文献，得到了诸多专家、学者的帮助，在此表示感谢。本书内容全面，条理清晰，但由于笔者水平有限，书中难免有疏漏之处，希望广大读者及时指正。

目　录

第一章 导 论

本章为导论，主要就研究背景、研究问题、概念界定、研究意义四个方面展开论述。

第一节 研究背景

随着国家对复合型人才、创新型人才和应用型人才的需求日益增加，应用型本科高等学校作为培育这类人才的主力军，既要为地方经济的增长提供助力，也要为中国特色社会主义现代化建设培养合格的建设者和接班人。应用型本科高等学校的持续发展，关键在于紧紧围绕全面提升人才培养能力这一目标，深入理解培养应用型人才的内在含义，并不断增强其培养能力，这样才能确保应用型高等学校走向高质量发展的道路。

人才的培养离不开教师的教育，决定应用型本科高校教育质量的关键因素在于应用型本科高校教师的能力和素质。毋庸置疑，应用型本科高校教育属于高等教育，应用型本科高校教师必须具备普通高校教师应有的能力和素质，即具有良好的师德和师风，掌握教育学、心理学等教育基础理论知识，具备丰富的教学方法以及系统的专业知识，具有较强的教育教学能力和一定的教学经验并具有一定的科研能力等。

自高校大规模扩招以来，地方本科高校成为填补高等教育大众化需求的主要力量。虽然地方的高等教育经历了大幅度的扩充，然而高校定位的多样性却没有因此增加。反之，地方高等学校和研究型高等学校在办学定位、专业设置、人才培养方法上存在着很多的相似之处。例如，重视理论、轻视实践，科研活动重视科学、轻视技术，这些情况的出现使培养地方的经济社会发展所需的应用型人才变得更加困难。与此同时，地方性的本科高等学校和其所处地区的经济发展需求存在不平衡的现象，导致毕业生就业困难和就业质量不高的问题越来越明显。

上述问题备受党中央和国务院关注。2010 年 7 月 29 日《国家中长期教育改革和发展规划纲要（2010—2020 年）》第一次将"优化结构、办出特色"作为高等教育改革和发展战略任务，提出"优化学科专业和层次、类型结构，重点扩大应用型、复合型、技能型人才培养规模"。为此，教育部在课题研究的基础上综合各方意见在 2014 年年初形成了《关于地方本科高校转型发展的指导意见（征求意见稿）》。文件明确提出，地方本科高校要深度融合职业教育、高等教育和继续教育，探索出一条建设中国特色应用技术高等学校的发展道路。

2014 年 6 月，《关于加快发展现代职业教育的决定》（以下简称《决定》）印发，《决定》明确提出："采取试点推动、示范引领等方式，引导一批普通本科高等学校向应用技术类型高等学校转型，重点举办本科职业教育。独立学院转设为独立设置高等学校时，鼓励其定位为应用技术类型高等学校。建立高等学校分类体系，实行分类管理，加快建立分类设置、评价、拨款制度，招生、投入等政策措施向应用技术类型高等学校倾斜。"《决定》指明了我国地方本科高校转型发展的核心思想及转型前提，并提出转型发展的基本走向。随后，教育部等六部门印发了《现代职业教育体系建设规划（2014—2020 年）》（以下简称《规划》）进一步提出："各地采取计划、评估等综合性调控政策引导地方本科高等学校转型发展""积极推进以部分地方本科高等学校为重点的转型发展试点，支持一批本科高等学校转型发展为应用技术类型高等学校，形成一批支持产业转型升级、加速先进技术转化应用、对区域发展有重大支撑作用的高水平应用技术人才培养专业集群。"《规划》依据上述《决定》进一步明确了转型发展的地方本科高校向应用型转变方向，发展我国的应用科技高校（学院）。一些省份主动开展地方本科高校转型的试点，如河北、河南、山东、云南等。2015 年河北省教育厅印发的《关于公布普通本科高校向应用技术型高校转型发展试点学校名单的通知》中指出，河北省共确定了 10 所试点学校，分别为北华航天工业学院、河北科技师范学院、石家庄学院、保定学院、河北民族师范学院、河北高校工商学院、河北科技高校理工学院、河北传媒学院、燕京理工学院、河北外国语学院。河北省财政设立专项补助资金用于支持试点学校转型发展，有关区市和民办高校也要安排不少于省级专项补助资金的额度，用于支持转型发展。在一系列政策文件推动下，全国众多地方本科高校纷纷加入了转型行列，走上了培养应用技术型人才的道路。2020 年，中共中央、国务院发布了《深化新时代教育评价总体方案》，指出"改进高等学校评价，探索建立应用型本科评价标准，突出培养相应人才专业能力和实践应用能力"[①]。

从转型现状来看，各个省份在进展上存在明显差异，导致地方性本科高等学校的转型过程并不平衡。就算是在同一个省份的不同地方，本科高等学校的转型和发展速度也会存在差异，它们大多都面临着如何定位教育的深层含义、组织结构的变革以及评估手段等多个方面的挑战。

其一，地方性本科高等学校的转型和发展，目的是构建现代化的职业教育结构，还是在单一的高等教育体系内进行人才培养模式的改革，这一过程不仅与教育的层次有关，还与教育的种类有关。

其二，在转型和发展的过程中，地方本科高等学校要平衡与职业本科教育和普通高等教育的关系。具体来说，就是在教育内容上，地方本科高等学校应教授给学生何种知识？培养学生何种能力？怎样有效地进行学生培养？以上问题都与教育的深层含义有关。

---

① 檀慧玲，王玥. 贯彻落实《深化新时代教育评价改革总体方案》的几个关键问题［J］. 中国考试，2021，352（8）：14-20.

其三，地方本科高等学校的转型涉及人才的培训方法、培训的流程、教师的研究方向、组织架构和操作方式的调整，怎样让地方本科高等学校更好地推动组织的转型成了一个关键问题。

其四，地方性的本科高等学校在转型和发展的过程中，不仅需要调整现有的高等教育行政管理结构，如拨款和招生制度，还需要考虑地方政府的政策指导和支持问题。

其五，怎样对地方性本科高等学校的转型效果进行评价。

基于此，本书力图探寻地方本科高校可靠可行的转型发展路径。

第二节　研究问题

高校的发展主要依赖于教师发展，我国高校教师发展概念的相迭为用，也体现了高校教师的发展理念和方式的不断变迁。

转型是指事物的结构形态、运转模型和人们观念的根本性转变过程。不同转型主体的状态及其与客观环境的适应程度，决定了转型内容和方向的多样性。转型是从一种范式或逻辑向另外一种范式或逻辑的转变，也是一种模式向另外一种模式的转变。转型是主动求新求变的过程，是一个创新的过程。

教师作为高等学校发展的关键组成部分，构成了学校向应用型发展的基础。教育理念正在从以教师为核心转向以学生为核心；教学的焦点正在从主要传授知识转向培养学生的实际能力；教学的模式正在从传统的第一课堂扩展到第二课堂、网络课堂以及国际课堂等；教学方式正在从传统的灌输式教学转向组织性的研讨和指导性的启示；评估方法正在从教师的教学效果转向学生的学习效果；教师的专业素养正在从理论导向转向"双师"和"双能"的模式。

一、我国应用型高校教师发展目标与主要对象

目前，我国应用型高校教师发展活动处于弥补式发展阶段。这一阶段，应用型高校转型主要目标是建设与办学定位和教育任务相适应的师资队伍。教师发展对象以入职 3～5 年的新晋教师为主，教师发展活动也主要围绕"如何更好地培养新任教师"展开。

二、我国应用型高校教师发展的主要任务与内容

目前，我国应用型高校教师发展主要有三大任务：一是新教师的文化适应；二是弥补教师（尤其是新任教师）的实务能力；三是提高教师（尤其是新任教师）的教学能力。以这三个方向为目标，应用型高校选择了讲座培训、教学技能竞赛、研讨会、产学实践等教师发展活动，实施教师发展计划。此外，还有一些综合性的发展活动或项目，通过整合教师的发展项目包，增强教师的多方面能力，如教师国内外访学等。这些活动大体构成了我国应用型高校教师发展的活动框架。

三、我国应用型高校教师发展的差异性特征

（一）我国应用型高校教师发展的外部差异性不明显

查阅资料发现，大部分应用型高校的教师发展活动与研究型高校的教师发展活动在形式和内容上有很大的相似性。问题主要归结于我国高等教育的多元化办学格局不够清晰，办学同质化现象比较严重。受到传统研究型高校的主流教师观和发展观的深刻影响，应用型高校缺乏明确的应用型高校教师发展理念，教师发展活动很容易产生漂移现象，陷入传统教师发展观念与方

式的窠臼。如何在相似的教师发展形式下形成应用型高校教师发展特色，成为目前应用型高校教师发展的一大难题。

一些优秀的应用型高校教师发展案例表明，如果仅从活动形式上对应用型高校教师发展活动和研究型高校教师发展活动进行粗略比较，应用型高校教师发展的主要形式与研究型高校教师发展活动没有太大差别，但实践观察与访谈结果表明，两种教师发展活动在发展目的、发展方式等方面的差异非常大。首先，从发展场域来看，应用型高校教师发展活动更偏向于校外活动，尤其是区域范畴里的教师发展活动。应用型高校主要依托同地方行业企业合作来实施教师发展活动，开发教师发展项目。其次，应用型高校教师发展活动的内容与研究型高校在访学方面又有不同。以国内访学和国外访学为例，尽管都是访学，但应用型高校的国内外访学项目和研究型高校的国内外访学项目又差异很大，应用型高校在访学对象和内容上有明显的应用高校类型倾向性。

（二）我国应用型高校教师发展的内部差异性较大

对不同区域的应用型高校的教师发展情况进行对比，本书发现应用型高校教师发展水平和专业化程度的内部差异性较大。

教师发展情况良好的应用型高校与教师发展情况不佳的应用型高校之间的教师发展水平差距非常大，而且大多数应用型高校的教师发展状况有待改善。调研发现教师发展境况良好的应用型高校，在教师发展理念的清晰程度和对教师发展内涵的理解上都表现较好。对教师发展工作职责的理解和教师发展定位、方向的把握及教师发展的现实状况与问题都比较清楚准确，多用"我们很清楚""我们知道""我们这种学校的教师必须……""现在的问题是……"等表述。

不同区域内，应用型高校教师发展的整体情况也呈现出明显的发展水平差异。一些省份的应用型高校教师发展体系由于重心偏上，教师的发展形式化和空壳化现象严重。我国应用型高校的办学场域主要按行政区域划分，呈现出以省（区、市）域为办学场域的特征。这种情况下，应用型高校的教师发展潜力与能力并没有得到开发利用，政府也很难做到有针对性地开展符合应用型高校实际教师发展状况与真实发展需求的教师发展活动，应用型高校教师发展实践不得不落得"形式化""走过场"的结果。这些应用型高校的教师发展实践与这些高校公布的相对完整的师资建设规划等书面文件形成了鲜明对比，是一种"空壳化"的教师发展活动。

第三节　概念界定

一、应用型本科的概念

应用型本科指以应用为办学定位的本科高校，其相对于普通本科和职业技术学院而言，既不同于一般高等高校的研究型，也不同于专科层次高职高校的职业型，而是以培养具有一定实际操作能力的高级应用型技术人才为主要任务的本科教育。从更广泛的角度看，应用型本科高等学校主要是通过开设应用型学科来实现的，其核心目标是培养学生的应用技术能力，并专注于应用型技术人才的培养。从狭隘的角度看，应用型本科高等学校主要是为了推动地方的经济和社会发展，以及满足年轻学生的就业需求而设立的。这些学校的培养目标主要是培养应用型技术人才，通常是由原先的地方本科学校、高职学校升级后的本科学校或者民办的本科学校组成的高等教育集团。

应用型本科强调"应用"这个概念，主要将反映时代精神和社会进步需求的人才、质量和教育观念视为导向。在新的高等教育环境下，我们需要建立符合经济和社会发展需求的新学科方向和课程体系，创新与教学有关的内容，全方位地提升教学的质量，并培养具有强大社会适应性和竞争力的高素质应用型人才。各个专业都需要紧密地与当地的经济发展相结合，重视学生的实际操作能力，并致力于培养具有应用能力的人才。在教学体系的构建中，要想使"应用"这个概念得到充分的体现，其中实践教学是最关键的一环。

（一）应用性本科与应用型本科

"应用性"与"应用型"是现有文献资料中常交混使用的一对概念。从表象上看，应用性与应用型都突出"应用"，二者似乎是同一事物的不同表达，然从实质来看，两者却因一字之别，而在内涵上存在很大差异。

在《新华字典》中，"性"被解释为性质，人或事物的本身所具有的能力、作用等；"型"被解释为铸造器物用的模子、样式。以此推导，应用性本科是指某一类本科专业教育具有"应用"的特征，诸如，面向社会需要培养应用人才、开展应用研究等；而应用型本科不仅具有"应用"的特征，更重要的是已经通过形成相对固定的模式，把这种"应用"的特征加以规范化、体系化。由此，应用型本科必然具有应用性，而应用性本科则未必是应用型本科。从应用性本科上升为应用型本科，不仅需要大学把"应用"的特征付之于实践，更需要应用理论完善。

新中国成立以后，大学教育的应用特征在一定程度上得以表现。例如，我国设置的诸多工科类、农林类单科性高校，以培养应用层次的学生为主，为国家输送了大量的具有应用性素质特征的行业专门人才。但是，从本质来看，这些大学的"应用"教育尚属于经验办学的层面，具有较大的不确定性，缺乏理论的凝练和模式的塑造。简言之，它们属于"应用性"，而非"应用型"。而在高等教育大众化的时代背景下，当前高等教育研究者所倡导的大学本科"应用"教育，则不仅与以往的大学应用性教育一脉相承，更是试图从理论层面，通过阐释大学本科应用教育的内涵、方法、策略，以建构起对现时的大学具有普遍指导意义的应用型本科办学模式。因此，本书认为，以"应用型"来定位，更准确地传递了高等教育工作者的理念取向与实践追求。

（二）应用型本科与应用型本科高校

在一些有关应用型本科的主题研究中，"应用型本科高校"与"应用型本科"两个概念常常相提并论，以至相互替代。其内隐的理论逻辑是，"应用型本科"与"应用型本科高校"的内涵和外延基本一致。实际上，两者是互有联系、又相互区别的概念。

首先，应用型本科是基于高等教育分类的结果，其基本参照为1997年联合国教科文组织修订的《国际教育标准分类法》。再结合我国实际国情，在本科教育这一层次上，大致划分为学术型本科、应用型本科和职业型本科三种基本类型。

其次，应用型本科高校是基于高校分类的结果。所指的高校分类，实际上是针对高等教育体系中的学校或大学进行的分类行为。比如，基于大学内部的学科种类数量，能够将其分类为综合型大学、多学科大学、单学科大学。按照大学内部在教学和科研方面的优先级，能够将其分类为以研究为主导的大学、以研究和教学为主导的大学、以教学为主导的大学。

根据一些学者对"应用型本科高校"这一概念的解读，从学术角度看，与应用型本科高校相对应的定义应为学术型本科高校和职业型本科高校。这意味着，根据人才培养的不同方向，高等教育体系中的本科高校能够分类为学术型本科高校、应用型本科高校和职业型本科高校。所以，应用型本科和应用型本科高校在本质上是两个独立的概念。前者以特定专业为基础，而后者则是依赖于学校。因此，应用型本科不等同于应用型本科高校。

在我国，就实践层面看，以"应用型本科"定位的非研究型高校，由于历史传统、区域特征等因素的影响，均存在学科、专业发展的不平衡现象，在其学校内部，可能多数专业属于应用型本科专业，但也有少数专业属于学术型本科专业，或者属于职业型本科专业；而在研究型高校中，也会存在某些类似的情况，其在本科层次，多数专业是学术型本科专业，但也有部分专业是应用型本科专业。因此，为确保研究的专注性，本书以应用型本科高校，而不是以应用型本科为研究主题。

综上所述，应用型本科高校是指以本科教育为主导，以应用型专业技术教育为基础，以服务地方经济和社会发展为目标，培养面向生产、建设、管理、服务一线行业的高级专门人才，其人才培养规格既不完全是研发人才，也不完全是熟练操作工与技师，而主要是以技术吸收及应用人才为基准。

二、高校教师发展的内涵探讨

高校教师发展的内涵不是一成不变的，学术界对于高校教师发展内涵的理解也在不断丰富和发展，主要包括以下论述：其一，"三方面说"。例如，学术水平、教学水平、师德；教学发展、研究发展、学术领导；教学发展、研究发展、职业发展。其二，"四方面说"。例如，个人发展、专业发展、组织发展、教学发展。其三，"五方面说"。例如，多样化发展、教学发展、研究发展、组织发展、工作与家庭平衡发展。整体看来，高校教师发展的内涵在不断扩大，以向人的终身成长的方向逐渐发展。

此外，国外一些学者将教师发展归为三种理解：其一，教师的发展是指知识与技巧的发展，其中涵盖了内容方面的知识、关于课堂的管理方式、了解并根据各种学习方式作出相应的反应等。其二，教师的成长涉及自我认知。这一观念主张，教师的发展既要改变他们的行为模式，也要改变教师这个人，以及他们的思维方式。对于教师的发展而言，最核心的部分是对自己及实践中的知识进行深入的自我反思。其三，教师的发展也代表生态的转变。这一观念突出了教师发展的背景因素，并着重于为教师发展创造一个适宜的环境。

潘懋元教授关于高校教师发展内涵的表述是，根据我国当前高等教育的发展水平和程度及特殊的文化背景，高校教师的发展内涵主要应当包括学术水平的提高、教师职业知识技能的提高及师德的提升。

首先，学术水平的提升涉及学科基础理论的深化、学科理论的深化和跨学科知识领域的拓展。每一个学科并非孤立存在，它不仅要有基本的理论知识，同时也要和相关联的学科保持一定的互动。所以，丰富的基础理论知识和广泛的跨学科知识是高等教育教师成长的必要条件。此外，为了给学生提供全面的指导，高等学校的教师必须深入了解他们所研究学科的最新学术进展。在以研究为主导的高等学校里，教师肩负着持续探索未知领域和推动学科进步的责任，所以他们有必要站在学术研究的前沿。在其他的高等学校里，只有当教师掌握了最新的学科知识时，他们才能有效地进行教学和培训人才。所以，从学科知识的发展规律和高校教师的职业特性来看，提升学术能力始终是高校教师成长的核心议题。

其次，高校教师发展的教学向度是指教师职业知识与能力，也就是教学工作能力。教学是高校最基础、最重要的教育职能，也是高校教师的本职工作。可以说，教学发展是高校教师发展内涵最重要的维度。

1990 年，欧内斯特·博耶（Ernest Boyer）从当时美国本科学生质量的下降、高等学校对教学工作的忽视及学术上的急功近利等问题出发，提出了"教学学术"这一概念。他希望借助重塑学术内涵来提高教学质量，引发学校对教学质量的关注。他持有的观点是，学术不能只限于某一学科或专业的科学研究，也不能只限于"发现"或者基础研究，还需要涵盖四个主要领域：探究性的学术、整合性的学术、应用性的学术及教学性的学术。其中，教学性的学术是一种借助咨询或教学手段来讲授知识的学术[①]。

国内学者王建华借鉴博耶所提出的"教学学术"相关理论，指出高校教师发展的核心在于教学专业的发展，并进一步指出，高校教学专业发展的关键：在于以重构学术内涵为切入点，牢固确立教学学术的观念；认真处理好教学学术与专业科研、社会服务之间的关系；自觉加强关于高校教学本身的科学研究[②]。应用型高校是以教学为本位和重心的教学型高校，相应的，其高校教师发展也应该以促进教师的教学发展为主要目标与任务。

最后，师德是高校教师发展的第三个内涵向度，也是最重要的内涵向度，

① 王贵林. 教学学术——教学型高校教师发展的基本选择 [J]. 高等工程教育研究，2012（3）：103.
② 王建华. 高校教师发展——"教学学术"的维度 [J]. 民办教育研究，2007（1）：67.

是高校发展的重要内容。作为一种价值规范体系，教师的师德是指教师在从事教育教学活动时应遵循的行为规范和道德的总和，包括一般社会道德、学术道德和教师职业道德①。它从道义上规定了教师在教育教学活动中应该以什么样的思想、情感、态度和作风去从事教学工作。教师的师德发展，可以使教师提升教学科研道德规范，实现自身专业素质和道德素质的提升。高校教师直接为社会培养高素质人才的工作性质及高等学校及其教师对社会的影响力等决定了教师必须具有良好的为人、为师和为学的品德。随着高等教育宏观背景的不断变革与发展，高等教育职能的不断丰富，高校教师的职业角色逐渐变得多元而复杂，其所承担的教育职责也越来越多，学者、教师、知识分子等不同职业角色之间产生矛盾、冲突的现象也越来越频繁。因此，发展教师师德的重要性也愈渐凸显。

三、高校教师发展概念辨析

不同时期高等教育改革与发展的目标和任务有所不同，也直接影响高等教育研究话语②。"高校教师发展"（"Faculty Development"）概念的引入和广泛使用即是新世纪以来高等教育质量研究的重要话语之一，是我国教师质量研究与实践领域出现的新概念。

"高校教师发展"概念诞生于 20 世纪 70 年代美国教师发展的进步历程，密歇根高校教师发展中心的建立，标志着高校教师发展精神及其实体组织的产生。"高校教师发展"是 2006 年在厦门高校召开的第四次高等教育质量国际学术研讨会的主题③。至此，"高校教师发展"这一概念被正式引入我国，成为我国高校教师发展研究话语体系的起点，推动了我国高校教师发展理论与实践的探索与进步。2010 年左右，我国高校开始广泛使用"高校教师发展"

① 潘懋元. 潘懋元文集卷五·序文［M］. 广州：广东高等教育出版社，2010.
② 别敦荣. 发展中国特色国际可理解的高等教育研究话语［J］. 中国高教研究，2015（7）：9.
③ 潘懋元. 潘懋元文集卷二·理论研究［M］. 广州：广东高等教育出版社，2010.

这一概念，围绕着这一概念及背后所反映的理念与精神，我国高等高校教师素质提升与质量建设活动以及组织建设开始兴起。

（一）"高校教师培训"与"高校教师发展"

"高校教师培训"和"高校教师发展"这两个概念的主要区别在于教师发展的主客体性质。按照 1996 年国家教委颁布的《高等学校教师培训工作规程》对高校教师发展相关活动的定义，高校教师培训是为了让教师更好地履行岗位职责而进行的继续教育，有时也称之为高校师资培训。

高校教师培训：是一种面向所有教育阶段教师的培养和训练活动；一种以完成岗位职责为目标的活动；一种继续教育活动，属于在职教育，并没有职前或预备、储备教师的观念。

高校教师发展：是特指高校里教师的培养和训练活动；一种以教师全面立体多元发展为目标的活动；一种涵盖了教师职前职后和成熟期后的终身成长的活动，在时间序列上的涵盖范围比属于继续教育的高校教师培训更广。

总体来说，"高校教师发展"与"高校教师培训"并不是完全相同的概念，两者最主要的区别在于高校教师发展更强调教师的自主性。与"高校教师培训"不同，"高校教师发展"这一概念把试图理解高等教育教师质量提升的理论和有待改善的高校教师发展现实两者联系起来。它把有关高等高校教师质量提升的行为作为一个独立存在的行动领域与其他教育领域如教学、学生等区别开来，把所有有关高校教师素质与质量提升的行为归纳到一个场域里，使高校教师素质提升活动成为高等教育领域里专门的活动，包含了专业性、必要性、主体间性和发展性等性质。

"高校教师发展"这一概念，使过去"隐性"的高校教师质量提升行为变成了"显性"的高校教师质量提升行为；使"自发"的高校教师素质提升行为变成了"专门"的高校教师发展活动或项目；使"行政主体"的高校教师培训活动变成了"主体间性"的高校教师发展活动，但高校教师培训缺乏上述词汇所引发的特征。与"高校教师培训"所折射出的工具性相比，"高校教师发展"更人本、客观，体现了教师素质与质量提升活动的终身化和人本化。与传统的"高校教师培训"的定义相比，"高校教师发展"是更为丰富、立体的高校教师主动发展的概念。

（二）"教师专业发展"与"高校教师发展"

"教师专业发展"与"高校教师发展"是两个具有不同内涵与边界的概念，两者的差别主要体现在教师发展的内容范畴上。高校教师专业发展是高校教师从事教学、研究及服务工作时，经由独立、合作、正式及非正式等进修、研究活动，引导自我反省与理解，增进教学、研究及服务等专业知识与晋升，以促进个人自我提升，提升学校学术文化，达成学校教育目标，从而提升整体教育质量。

"高校教师发展"的内涵和边界包含了"教师专业发展"的内涵和边界，教师专业发展只是高校教师发展的内涵向度之一。有一种误解认为"高校教师发展"是"教师专业发展"的新提法，两者可以交叉使用。事实上，高校教师发展有别于教师专业化发展。有一种比较新颖的观点认为两者是一种覆盖更新的概念关系，即不应该提倡教师专业发展，而应该提倡"高校教师发展"。因为这个职业相对于医生、律师等专业化水平较高的工作对情感因素的"无涉性"而言，他们的对象是有情感和生命活力的人，工作过程是包含富有情感体验的，与人的交流互动。

从概念关系上来说，两者是一种包含的关系，高校教师发展在概念的内容范畴上比教师专业发展显然要丰富得多。

（三）"教师教育"与"高校教师发展"

"教师教育"与"高校教师发展"这两个概念层次不同，主要体现在概念的对象范畴上。教师教育的前身是师范教育，指的是以培养义务教育的教师为目的的教育。教师教育注重教师职业的专业性，把教师当成具有特殊专业知识的职业，可以依照其专业经验，给学生提供专业服务。从师范教育向教师教育的转变，涉及对教师职业性质的观点和价值导向的改变。教师教育的范围极为广泛，它旨在培养各种教育层次和类型的教师。

在终身教育观念的推动下，教师教育的定义变得越来越丰富，其目标群体也逐步扩大到非师范专业的学生和其他人员，但高校教师发展的主要对象只是高校教师。因此，教师教育与高校教师发展或师范教育不同，是一个关于高校教师获得发展的上位概念，教师发展的概念内涵与外延也包括了高校教师发展与师范教育的概念范畴。与高校教师发展相比，教师教育是一个更为宽泛的关于教师培育的概念。高校教师发展则是一个相对聚焦的概念，是关于培养直接面向社会的专门人才的高校教师获得终身全面发展的概念。

第四节　研究意义

21世纪以来，随着高等教育结构的剧烈变迁，现代高校职能与任务不断丰富和复杂化，作为高等教育的实施主体，高校教师的角色和职能也相应变得更为复杂和丰富。应用型高校教师发展是关于应用型高校如何推行教师发展活动的认识和行动，以应用型高校教师发展为主题开展研究，能够进一步丰富和拓展高校教师发展的理论体系，补充并完善高校教师发展的分类研究与中观研究，对我国应用型高校教师发展理念更新、方式变革和质量提升具有较为重要的启发意义和参考价值。

一、理论意义

高校教师发展作为高等教育的重要而新颖的研究领域，在国内外高等教育研究领域已有一定研究基础，取得了丰富的研究成果。但我国学术界围绕高校教师发展的研究相对较晚，关于高校教师发展的理论研究并未深入且尚未形成体系，以"高校教师发展"乃至"应用型高校教师发展"为主题的研究领域有着丰富的研究空间。应用型高校教师发展是关于应用型高校如何推行教师发展活动的认识和行动，以变革剧烈的高等教育格局为背景，应用型高校教师发展研究有助于夯实我国高校教师发展的理论基础，加深对我国高校教师发展的理论理解。以应用型高校教师发展为研究对象，探讨我国应用型高校教师发展的理念与内涵，对于丰富我国高校教师发展理论、完善现代高校教师发展理论体系具有重要的理论价值。我国应用型人才培养理论与实践的深入以及我国高校教师发展的理论与实践，也为开展高校教师发展相关研究提供了扎实的理论基础与研究空间。

二、实践意义

从实践层面来说，教师发展是教师个体在与环境相互作用的过程中所发生的变化。个人主体性的发挥总是要在特定的环境下实现，是相对而非绝对的。以学科水平、教师职业知识技能及教师伦理道德为教师发展内涵的三个基本向度，我国应用型高校教师发展的具体内涵与其教育办学活动息息相关。高校教师发展对应用型高校的实践意义主要表现在以下三方面。

（一）办学性质：高校组织应用性的保持与强化

在我国应用型高校的办学历史上，办学定位摇摆和学术漂移的现象并不鲜见。以我国实施应用型高等教育的主体高校——新建地方本科高校来说，按照应用技术高校转型建设的准备程度来划分，以转型意向、转型条件和转型难度为主要框架，可以将这些高校大致划分为三类：坚定应用型、摇摆徘徊型和学术漂移型。三类高校的教师发展状况与问题也有所不同，需要区别看待。

第一类坚定应用型是目前讨论最多的一种新建地方本科高校。因其突出的办学表现，我们对新建地方本科高校内涵外延的理解往往与这类高校重叠，可以说，这一类新建地方本科高校再现了我们对应用型本科高校及其教师发展活动的主要认知与理解。这类高校自身的应用型高等教育办学定位与方向非常坚定，因此其对教师的素质结构变化与发展理念目标也很明确。这类高校办学定位清晰，办学方向明确，办学信念坚定，办学水平和特色明显，且经过一段时间的探索和努力，已经积累了相当的实施应用型高等教育的理论基础和实践经验。在新的转型发展阶段，其教师发展需求逐步转为如何总结和利用应用型本科教育理论积淀和办学经验，推进以应用型高校教师发展为主要内容的内涵式发展。对这类应用型高校来说，教师发展实践是反映、保持和强化其高校应用型办学特征与性质的重要手段。

第二类摇摆徘徊型，在新建本科高校里占了相当一批数量。这类学校一直以来办学定位不明，办学方向不清，教师发展活动在办学中往往处于边缘位置。能否在明确办学道路与理念的基础上，准确理解应用型高校教师发展的作用、内涵，形成应用型高校发展理念并指导实践是其教师发展活动的关键。对这类应用型高校来说，教师发展实践是反映和强化其应用型高校办学特征与性质的重要手段。

第三类学术漂移型，也就是我们常说的发生了学术漂移现象的应用型高校。这类高校在办学定位和使命描述上以应用型高等教育为方向，但实际办学道路和教学理念不是应用型本科教育，受传统办学价值观影响，追求研究型（综合性）高校的"高大上"定位，办学思想上的"重学轻术"观念较重。这类高校举办应用型高等教育，主要是受政策风向与政策红利的影响。对这类应用型高校来说，教师发展实践是防止学术漂移和道路偏移的"防火墙"，是强化其高校应用型办学特征与性质的重要手段。

对应用型高校来说，教师发展来源一直是其教育环节上很重要的问题。由于教师来源和国家教师发展体系的问题，我国的应用型高校教师发展活动一直在做弥补式的教师发展活动。无论采取传统单调抑或现代丰富的教师发展方式，它的功能定位和任务始终是弥补先天不足，这一点与研究型高校不同。因此，我国应用型高校教师发展的工具性特征很强。

进一步说，教师发展的目标很明确，即尽量满足双师型教师队伍或无论哪一种关于教师素质要求的表述都指向的、对应用型高等教育教师队伍结构与规格的要求，并以此确定应用型高校教师发展的具体目标任务与工作规划。反观研究型高校，在这一点上的表述就相对模糊，用词多为"卓越的""一流的""高水平的"教师队伍等表述，发展目标在一定的维度框架内也表现得较为模糊。

从这个意义上说，应用型高校教师及其发展是应用型高校办学性质与特征的基础，如果失去对应用型高校教师和教师发展的追求，盲目跟进传统研究型高校的教师质量定义与教师发展的理念与活动，即意味着应用型高校组织应用性的失守。现代应用型高校应该具有三个特征，即发展上不依附、管理上不僵化、理念上不排拒新事物，如此才能实现持续性发展，令高等教育获得社会影响力。

高校教师发展是应用型高校得以实现这三种特征的重要实践活动。换言之，合理的应用型高校教师发展是保持和强化应用型高等教育组织的重要手段。

（二）办学能力：应用型高校竞争准备力的提升

高校教师发展是现代应用型高校建设的重要途径。不同于传统的竞争力概念，现代组织理论提出并强调组织需要具备塑造竞争准备力的意识与提升策略。

所谓竞争准备力，是指组织适应在无时无刻变化的市场环境、竞争压力和竞争对手战略等的能力。传统型组织之所以不可避免地进入衰退期，首要原因是它缺乏竞争准备力。对于传统型组织而言，其竞争准备力低下存在多方面原因。其中起决定性作用的一个原因是传统型组织更看重市场和产品战略，而不重视去获取能够应对竞争挑战的充足的人力资源的质量。绝大部分传统型组织缺乏一个长期的人力资源战略去增强自身的竞争准备力，即使有的传统型组织有人力资源战略，也只是把培训看作是提高工作技能和知识水平的一种工具。传统型组织认为培训本身就能提高组织绩效，从而增强竞争力，提高利润水平目标。

不幸的是，传统型组织没能采用一种战略去把培训中的东西应用于工作，而且他们也没有把教师的成长与组织的竞争准备力及再造能力的增强结合起来考虑，但是"学习型组织"的教师在组织中所要学习的最重要的东西不是明确的知识、条文、技术等，而是一些只可意会不可言传的东西，即默会性知识（如直觉、专业技能、常识、理念、价值观念、核心竞争力等）。真正的学习作为工作的一部分与工作同时发生，而不是诞生在贫瘠枯燥的培训场所或由人们独自创造出来。真正的学习不是个人行为，是社会行为。因此，最初的教师发展是教师自己发展，根据需要自己摸索。但今天，高校教师发展是一种专门、专业的教师发展活动。

（三）教育质量：高校教师发展是应用型高校教育质量提升的原动力

教育质量是包括教师发展活动在内的高校一切教育活动的最终追求，高校教师发展是应用型高校教育质量提升的原动力与持续动力，对持续、稳定地确保和提升应用型高等教育质量有重要作用。目前，各国都希望通过促进高校教师发展和教学改革来提高高等教育质量。随着高校教师培训观念的更新和理论的发展，我国也将建设高素质教师队伍作为提高高等教育质量的首要保障。现在，我国高等教育发展对质量建设的期待前所未有，高校教师发展适逢其时。

第二章　应用型本科高校
教师发展的成因

应用型高校教师专业能力作为教师专业化的内在理论依据，已经成为现代社会教育发展的核心问题，学生的学术进步与教师的专业技能提升是分不开的。如果没有教师的持续发展，学校将会失去强大的后盾，从而导致停滞不前，甚至逐渐消失。在应用型高等学校的转型和发展过程中，专业技能的增强被视为教师团队建设的核心要素。本章内容为应用型本科高校教师发展的成因，主要围绕应用型本科高校建设的影响、加快培养应用型人才的要求展开论述。

第一节　应用型本科高校
建设的影响

普通高校向应用型本科转型，是一种新型教育模式的尝试和探索，本节叙述国内外应用型本科高校的发展历程，为应用型本科高校建设的顶层设计、实施路径、建设内容和范式、人才培养质量的评价等研究提供参考和借鉴。

一、应用型本科高校建设缘起

（一）国际高等教育大众化与应用型高校发展

从国际面来看，在二十世纪五六十年代，受到经济增长、国家转型及教育民主化思想等多重因素的共同影响，世界上发达国家的高等教育经历了一个快速扩张的阶段。美国社会学家马丁·特罗教授基于对美国高等教育发展的深入研究，提出高等教育大众化的观点。他强调，随着高等学校数量的增加，其本质也会发生变化，这为高等教育大众化的发展提供了强大的支撑。

随着高等教育从精英化向大众化，甚至普及化的转变，教育的目标群体也变得越来越多样化。高等教育不再仅限于培养精英型人才，而是更加注重培养应用型和职业型的专业人才。传统的高等教育模式已经无法满足技术领域应用型人才的培养需求。随着科技的不断进步和社会的持续发展，高等教育需要跳出传统模式，按照市场的需求，再次定义其功能，并拓宽其应用领域。我们的目标是既要培育致力于"探索"和"创新"的学者，还要培育能够在各领域工作的人才，来迎合社会对人才的需求。

在这一进程当中，应用型高等教育的重要性不言而喻。在高等教育的发达地区，存在着精英和大众两种高等教育机构，这也构成了一个具有多个层次和多种规格的教育体制。尽管对应用型本科教育的概念尚不统一，但应用型本科教育是不同于传统学术导向型高等教育的，以复合性应用型人才培养为核心的职业和应用导向型高等教育，在高等教育大众化发展过程中具有重要地位。

（二）国内应用型本科高校转型发展探析

从我国应用型本科高校发展来看，2010年国家层面第一次将应用型人才培养写入《国家中长期教育改革和发展规划纲要（2010—2020年）》中，2015年教育部、国家发改委、财政部联合发布《关于引导部分地方普通本科高校向应用型转变的指导意见》，明确要求引导部分地方普通本科高校向应用型高校转型发展。从上述政策发布的时间来看，应用型本科高等学校的建设是为了满足经济社会的发展和产业升级转型的需求而被提出来的。究其原因有以下几点。

第一，生产方式变革对人才培养提出新要求。进入 21 世纪以来，人类进入了"工业 4.0"时代。在"工业 4.0"时代，对于企业来说，首先需要的是跨学科人才，这些人才既要熟悉机械工程领域的知识，也要熟悉信息和计算学科领域的知识，他们可以成为企业中的"数字—机械"工程师；其次需要的是数据人才，他们负责的研究领域涵盖统计学、数据工程学以及数据可视化等多个方面；最后就是需要用户界面人才，在人机交互的工业设计方面，他们可以有效地整合各种资源，来实现预定的目标。

第二，产业融合创新发展对人才培养提出新要求。创新理论的"创新"一词最早是由美国经济学家熊彼特于 1912 年出版的《经济发展理论》一书中提出来的。熊彼特认为，融合创新是对"创新"要素的有机组合。相较于传统的创新方法，融合创新是一种多维度、多角度的方式，它在时间维度上更注重创新的成果和竞争力的持久性，从而孕育出新的核心竞争优势。虽然跨学科交叉是推动创新的主要动力，然而仅仅依赖创新驱动并不能有效地吸引人才。所以我们既要培养专业技术人才，也要培养大量的复合型人才。

第三，区域经济转型升级迫切需要高水平应用型高校培养高质量应用型人才。全球正在经历新的产业科技变革，这推动了产业转型和科技进步，对全球的经济格局产生了深远的影响。经过四十多年的改革开放，我国在社会生产力和综合国力等方面都取得了显著的进步。然而，发展过程中的不平衡和不充分问题依然存在。当前，地方经济正面临发展瓶颈，在知识经济时代，区域竞争力的培养成了推动地区经济增长的关键动力，同时，区域科技创新和知识的溢出效应也是区域竞争力增长的主要来源。应用型本科高校的使命在于立足解决我国人才培养结构和质量尚不适应经济结构调整和产业升级的矛盾，向现代生产服务一线提供兼具扎实理论基础、专业素养和实践能力突出的应用型、复合型、创新型人才，主动适应我国经济发展新常态，为国家和地方产业结构优化升级提供人才支撑，融入区域经济转型升级。

然而，我国高校长期以来过于追求"大而全"的目标，过分强调学术型人才的培养，这导致结构性问题的凸显和应用型人才的短缺。在这样的大环境中，有些高等学校应当以经济发展和创新驱动为基础，把其教学、科研和社会服务的焦点集中在满足经济发展需要和技术创新方面。

第四，高等教育结构的自身演进与嬗变。产业结构的转型和新兴产业的壮大都依赖于高水平的应用技术和技术人才的支持。所有的国家都希望高等学校不仅能培养传统的学术型人才，也能培养创新型人才。随着时代的进步，中国高等应用技术教育的创新迫在眉睫。高等教育不仅受到了国家和社会转型发展的影响，其本身也在寻找优化结构的切入点，以推动高等教育结构的转变。高等教育体系中的"中部塌陷"问题迫切需要应用型本科高等学校的引导。

国家对于以研究为主导的高等学校的发展始终持有严格的制度框架，这也进一步明确了它们的发展方向。在教育的高级规划中，有关部门进行了管理和指导，由原先的"985工程""211工程"到现在的"双一流"建设项目，尽管政策名字和内容在不同的阶段有所变化，然而总体上它们却是相通的。

制度的惯性确保了以研究为主导的标杆学校始终保持着清晰的发展方向和明确的发展路径。与以研究为主导的学校相比，国家对高等职业教育学校的关注历史相对较短，其产生的原因主要是市场经济的快速发展导致对劳动力的巨大需求。因为国家明确的规划和地方政府相关政策的实施，使标杆学校及其发展方向变得尤为突出。如从2006年启动百所"国家示范高校"建设工程到2019年教育部、财政部发布《关于实施中国特色高水平高职学校和专业建设计划的意见》，要集中力量建设50所左右高水平高职学校和150个左右高水平专业群，到2035年，我国一批高职学校和专业群要达到国际先进水平。

应用型本科高校转型以地方性高校为多，虽然也同属于高等教育范畴，但以往国家政策不太重视这些中间层，按属地管理原则，办学基本上是由地方政府财力和物力支撑。因为缺乏国家政策的重视，国家和地方政府更倾向于为应用型高等学校规定一些师资的标准，而不是规划更宏大的发展目标和更明确的发展方向，这导致"研究型、应用型、职业型"的高等教育结构出现了"中部塌陷"的情况。所以，这些应用型高等学校应该主动参与，来完成高等教育强国的目的。

二、应用型本科高校的定位

我国教育部已经明确应用型本科高校在高等教育转型中的重要地位，打开了我国应用型本科高校建设的新开端和新局面，把应用型本科办好办精成为广大教育工作者新的历史任务。

（一）发展目标定位

发展目标是应用型本科高校发展的基本方向，它对学校的办学指导思想、发展方向、培养模式、培养目标等具有指导作用。科学制定应用型本科高校的发展目标，是其发展的前提条件，也是必要条件。

在制定应用型本科高等学校的发展目标时，应以独特的办学风格、教学质量和经济效益为基础，并重点关注应用型创新技术人才的培育。首先，应用型本科高等学校要积极地发展自己的独特之处，以增强其整体教学能力和核心竞争优势；其次，应用型本科高校应当基于实际情况，紧密围绕社会的需求，培育具有应用能力的创新型人才。其中，办学特色定位要全面正视、剖析高校自身的优势，把优势专业和学科拿出来，专心高质量发展为行业领先；同时也可依靠优势学科和专业，辐射其他学科和专业。例如南京工程学院的优势专业之一是电力工程，其除了集中力量把电力工程专业做到全国领先，其他专业比如市场营销专业引入电力营销方向，环境工程专业引入电力环保方向，智能化建筑专业逐步转化为建筑电气与智能化等，目的都是为了与其他高校相关专业区别，强调自身的电力特色，实现在激烈竞争中的创新发展，当然也更受市场欢迎。再如霍普金斯高校特别突出医学学科，加州理工学院在理、工两个学科全球领先等，都说明了办学特色的重要性。

（二）办学层次和人才培养定位

确定办学的层次是为了确定高等学校应该培养哪种级别的人才，作为以应用为导向的本科高等学校，应当在本科教育层次上进行教学，并致力于培养达到本科教育水平的优秀人才。特别是对于合并升本或转型升本的应用型本科高校，应快速转变办学思想，逐步从高职高专教育转变为以本科教育为主。当然，这个转变需要从培养计划、教学资源与环境、软硬件、师资队伍等各方面进行，分步分批完成。从当前来看，大部分应用型本科高校的办学层次定位都是以本科教育为主，辅以少量的高职教育和继续教育，发展水平高的高校也会进行个别优势专业的研究生教育。

人才培养定位是培养何种类型人才的问题。应用型本科高校区别于研究型本科高校和职业技术学院，人才培养应定位于学术型与职业技术型之间。研究型本科高校培养的是理论知识扎实、综合素质较高，具有较强自学能力的研究型、学术型人才，主要为科研机构或研究生阶段提供研究基础。职业技术学院则培养的是面向生产、服务、管理第一线的技术型工人，他们主要是动手操作能力强，但理论知识、研究能力、自我提升能力等不足。介于其中的应用型本科高校，培养的是适应社会需求的应用型人才，既有理论知识，又具专业实践能力，理论与实践相结合，学以致用，有创新意识，并有较强的科技运用和转换能力。

所以，应用型本科高校既应走出追求"精英教育"办学理念和"学术型"人才培养模式，也应跳出自身高职高专的影子，找准办学层次和人才培养定位，培养服务区域经济和社会发展的本科层次的应用型人才。应用型本科高校培养的人才，不需要全面的知识系统，而是理论知识与实践能力的有机结合，能熟练运用理论知识有效解决生产实际问题，适应社会发展和竞争需求的高素质应用型高级人才，是学术性与职业性的有机统一，其规格标准是"本科底蕴＋应用特征＋专业特长"。一流应用型人才不是"为研究而学术"的学术型人才，而是"为职业而学术"的应用型人才。一流应用型人才也不是技术技能型岗位人才，要注意克服"能动手就是应用型""就业好就是高质量"的认识误区。

（三）服务面向定位

服务面向定位是解决应用型本科高校服务对象的问题。应用型本科高校是区域经济社会发展的产物，一般都是地方性省属或市属高校，其地域服务面向比较清晰，往往着重服务于本区域。所以应用型本科高校必须明确"主要为地方培养人才"的根本任务，主动探寻和适应地方经济社会发展，在学科专业和科学研究等方面有侧重点，如江苏是电力、机械制造和建筑业大省，对此类相关学科和专业需求高且量大，很多江苏省内的应用型本科高校都设有电力工程、机械制造与自动化、建筑工程等专业，就是为地方经济和社会发展输送应用型人才，促进江苏省支柱产业的快速发展。同时，应用型本科高校也可以地方为依托，共建实验室、实践基地等，不断拓展学校自身的生存和发展空间。

（四）学科专业定位

这一定位旨在解决应用型本科高等学校主要侧重于哪些学科领域的教学问题。根据教育部的分类，我国目前有哲学、经济学、法学、教育学、文学、历史学、理学、工学、农学、医学、军事学、管理学、艺术学 13 个学科门类。目前，大多数应用型本科高校都是根据自身的具体情况，以某一两个优势学科门类为主，同时涵盖其他学科的综合发展，只有单一学科门类的应用型本科高校几乎没有。如南京工程学院就是一所以工学为主，涵盖工学、经济学、文学、法学等学科门类的综合类应用型本科高校；南京晓庄学院则主要以教育学为主，且兼具经济学、工学、艺术学等学科门类，突出其师范类专业的特色与优势。

各应用型本科高校在学科专业定位发展过程中，要注重其应用型导向和服务地方的方向，紧密结合地方区域性经济和社会发展对人才的需求，及时增设社会需求高、应用性强的相关专业，删减与社会脱节的"冷门专业"，积极为地方经济与社会发展培养所需要的各种应用型高级人才。如随着江苏省地下轨道交通的大力发展，南京工程学院经过调研增设了城市地下空间工程专业，培养从事地下工程施工管理、地铁工程管理维护的高级应用型工程技术人才，可以说是紧跟江苏经济建设的步伐；同时，停开就业困难、社会需求小的工程监理等专业。

（五）教学和科研定位

应用型本科高校必须努力构建相应的人才培养所需的教学模式，以理论教学为基础，突出实践教学的地位，大力推进产学研相结合的教学模式。如南京工程学院通过开展全校性教育思想大讨论，毕业生质量跟踪调查，深入十多个行业、数千家企业调研，会同多家高校共同深入研讨，紧紧抓住产业发展"新需求"和人才培养"新质量"两个关键问题，提出了"传统专业与跨界技术、理论教学与实践过程、单一学习与应用探究"的三大教育教学新理念。

首先，对于理论课，要注重其应用基础的地位，不是纯理论的研究，而是为了更好地应用，是实践能力的支撑。其次，对于实践环节，要真正做到动手、动脑，学以致用。这些都需要应用型本科高校能研究教学内容，探索教学方法和手段，建立与完善校内实训中心和校外实训基地，使学生理论联系实际，获取实践经验。与此同时，学校与社会各行业合作，强化了学校与企业、政府与学校之间的合作关系，旨在为学生提供实践训练场所，同时也为技术创新和成果转化提供了坚实的基础。通过教学来支持实践活动，并利用实践经验来推动教学质量的进一步提升。比如开设大量实践课程，在实践活动和技能操作中进行教与学，教师课堂讲授变为"边讲边演示"，学生听课变为"边学边练习"，这样随学随用，理论知识在动手实践中得到验证，更好地提高教与学的有效性，也真正做到培养应用型技术人才。

基于应用型本科高校办学层次和人才培养定位，决定了其应该以教学为主，但并不是说只教学，而不进行科学研究。科学技术研究是所有高校发展和社会创新的重要途径，不仅可以提高教师的专业技术水平，推动社会科技进步，同时也可为教学所用。应用型本科高校的科研与研究型高校不同，其科研定位不应过多关注基础理论研究，而应偏向应用研究。要以社会需求为动力，以市场为导向，为社会经济建设服务，注重科技成果的转化。

同时，我们也应该注意到，应用型本科是一种办学类型，其与研究型高校的不同不是层次的高低，而是类型的不同。在科研定位上切忌盲目学习学术型、研究型高校，追求所谓的"高层次"而顾此失彼。

（六）师资队伍定位

"先进教育理念＋优质教学资源＋理实一体课程体系＋高水平师资队伍"是一流应用型人才培养的有效保障，其中建设一支师德高尚、结构优化、理论知识扎实、专业技能过硬、教科研能力突出的高素质师资队伍则是重中之重。应用型本科高校应大力培养"双师双能型"教师，制定相关政策引导和促进广大教师向"双师双能型"方向发展。

对于"双师双能型"教师，其不仅是教授专业技术和理论知识的教育者，同时也是熟练掌握专业技能的专业人士；其不仅拥有对专业知识的深入理解能力，还拥有在产业和企业中的实际操作技能。简言之，就是具有"专业知识＋专业技术；教学能力＋实践能力"的教师。培养"双师双能型"教师，建设具有"动手能力强，综合素质好"的高水平、多用途教师队伍，使广大教师不断提高理论基础、专业技能和实践实训能力，提升教育教学质量，推动应用型本科的良性发展，是地方应用型本科高校建设与发展的现实要求。

　　大多应用型本科高校"双师双能型"教师队伍的培养工作会采取引进和自培相结合、在职培养与企业培养相结合、国内培养与国外培养相结合、短期培养与长期培养相结合等方式进行。如通过学校与企业的合作基地以及高校学生的创新创业培训项目，教师的实际操作和教学能力得到了持续的提升；学校邀请行业内的专家和技术人才，为教师提供全面的专业技能培训；鼓励教师参加专业技术（执业）资格评审（考试），并取得相应资格证书；选派专任教师到相关企业或科研机构进行挂职锻炼；各种培训、国内外访问学者等。

　　在确定应用型本科高等学校的定位时，应该全面研究各种要素，强调应用型人才培养的目标，并把为社会服务、从实际出发视作基本办学的理念。其中以南京工程学院应用型本科发展目标定位科学合理的代表，其由原南京机械高等专科学校和原南京电力高等专科学校于 2000 年合并组建而成，是江苏省的应用型本科高校。在其升格为本科高校后，一直遵循以培养应用型人才为核心的办学理念，形成了与企业紧密合作、强调实践经验和产学研融合的独特教育特色。学校为国家、经济和社会的进步培养了很多的工程技术和管理人才，这些人才在多个行业中都作出了贡献。学校牢固树立"学以致用"的办学理念，发扬"知行统一，创业创新"的校园精神，以服务地方、行业为主，以本科教育为主，以教学为主，在全国率先提出和开展应用型本科教育的转型改革，相关研究与实践一直走在全国最前列，是国家教育主管部门与同类高校公认的应用型本科教育转型改革发展的"领头羊"。也正是科学合理的发展目标定位使南京工程学院在十数年间逐步发展成为全国高等学校应用型本科高校专门委员会主任委员单位、新一轮本科高校教学工作合格评估方案主要起草单位、教育部"卓越工程师教育培养计划"和"CDIO 工程教育改革"首批试点高校、国家机电控制类人才培养模式创新试验区、全国毕业生就业工作典型经验高校和江苏省首批教学工作先进高校，为行业类高校、地方本科高校建设应用型本科高校提供了有益借鉴。

三、建设应用型本科高校要求发展"应用型教师"

在国家政策的引领下，我国将有一批普通本科高校朝着应用型本科高校方向发展，这是高校发展的一种大趋势。应用型是高等教育的一种类型，而不是一个层次。应用型与高水平或学术型并不矛盾，应用型高校同样可以办成高水平、高层次高校。应用型本科高校强调的是和市场、产业、行业及岗位群的紧密联系与结合，其主要目标和任务是为经济社会发展培养本科层次的应用型技术技能人才。所以，与其说地方本科高校要转型发展，不如说将"应用型人才培养"具体落到实处，做实"应用型"。而做实"应用型"，关键在师资。

应用型本科高校的师资队伍，不但需要具备宽厚的专业理论基础知识和扎实的行业企业实践知识，而且还需要具备较强的专业应用能力、实践教学能力、应用研究能力和社会服务能力。师资队伍建设的水平在很大程度上决定着应用型本科高校发展的水平，师资队伍的能力也在很大程度上影响着应用型本科高校发展的前途和命运。搞好师资队伍建设工作，是应用型本科高校实现跨越式发展、提高应用型人才培养质量、完成为国家培养大批高素质的技术技能型人才的前提和基础。因而，建设一支高水平、高素质、结构合理、潜力巨大的师资队伍，是应用型本科高校发展的当务之急，更是一项长期的具有战略意义的重要举措。

（一）完善"双能型"师资培养机制

1. 加强"双能型"教师培训

高校教师培训是高校师资力量发展的核心环节。应用型本科高校要更好更快地发展，必须要有一定数量的"双能型"教师队伍相匹配。实质上，"双能型"教师是教育教学能力和实践工作经验与能力兼备的复合型人才，不仅从形式上要求同时具备教师资格和职业资格，具有"双证书"，而且更需要着重强调的是既要能胜任理论教学，又能指导学生实践，具有"双能力"。即"双能型"教师的专业知识水平与产业实践能力要能相结合，教学能力与执业资格能相统一。

因此，应用型本科高校"双能型"教师的培训，应加强教师的专业技能培训和考核，对现有专任教师要有计划地开展各类专业技术的培训。首先，为教师提供教学能力提升的培训，按不同专业的要求，有计划、有组织地提高教师的整体素质；其次，为进一步加大"双能型"教师的培养力度，要为教师提供更多定期或不定期的外出学习培训的机会，让他们能够参加一些诸如专业技术深造、执业资格考评和产业实践能力提升等方面的进修培训，同时鼓励并要求教师参加国家或省市组织的各类专业技术执业资格或职称资格的考试培训；最后，要加强产教融合，要求更多的教师定期深入到生产第一线进行实践锻炼，了解现代企业的生产和管理过程，鼓励教师积极参与企业研发与技术改造，不断提升教师专业技术素质和实践能力。

2. 积极引进"双能型"教师

应用型本科高校应加大"双能型"教师的引进力度。在积极引进"双能型"教师的各项工作中，一方面，要科学合理地简化人才引进的程序和手续，竭力保障引进人才的工作和生活条件，努力解决引进人才的后顾之忧；另一方面，要特别注重引进具有生产一线实践工作经验和背景的师资，对其中特别优秀的人才，在符合学校人才引进相关条件和政策的前提下，应优先引进录用，并在人、财、物上予以支持和倾斜，进一步提高"双能型"教师的比例。

3. 借助行业企业人才力量

应用型本科高校在现有体制下充实"双能型"教师队伍，要广泛借助社会力量，根据学校教学实际的需要，通过由政府向社会力量购买服务、企事业单位兼职及社会聘用等多种形式，深入校企合作、产教融合，为高校建设一批具有企业丰富实践经验并兼具相应教学能力的教师队伍。其中主要是以行业专家、行业企业的专业技术人员和高级管理人员等为主体，逐步形成一个良好的与行业企业人才合作共享的机制，共同打造应用型师资，弥补应用型本科高校"双能型"教师比重过低的问题，有效充实"双能型"师资队伍，为应用型本科高校人才培养质量的提高奠定良好基础。

（二）培育高水平教学科研团队

学科专业建设是应用型本科高校事业发展的龙头。紧紧围绕学科专业建设，加快学科专业改革与发展，推进优势学科和特色专业创新平台和硬件设施建设，为高层次人才"筑巢引凤"，大力推进高层次领军人才队伍建设。

学科建设和专业发展，必须要有一定数量的关键性学科专业带头人，同时还需要有一大批具有较强教学能力和较高学术水平、素质良好的中青年优秀骨干教师。他们具有的学术影响力和社会影响力，对学校的发展有着不可估量的、举足轻重的作用。

人才的引进和培育都必须着眼于应用型本科高校的学科专业建设的需要，着力培育学科专业带头人和高水平的科研创新团队，有计划、有步骤、分层次地进行人才引进和培养，重点突破高层次领军人才队伍的建设。

应用型本科高校学科专业建设资源的配置，需要向高层次、高水平的以优秀人才为核心的教学和科研团队倾斜，并在政策扶持等各方面助力下，高层次创新团队和平台的建设，优化资源配置，加大对高层次优秀人才及其团队的支持力度，助推基础较好的教学和科研团队快速发展。现阶段要大力实施"中青年教师博士化工程"，提高博士学位教师的比例，优化师资队伍学历结构，提升师资队伍综合素质和整体水平，增强应用型本科高校发展的后劲。

（三）完善师资队伍管理机制

师资管理一直是教育改革的重中之重，也是教育改革的难处之所在。当前应当以全新的人力资源理念而非传统的人事管理的视角来重新认识高校师资队伍建设，规划师资队伍布局，改革重构适应应用型本科高校建设发展的新型教师群体。

1. 建立良好的薪酬激励机制

薪酬激励机制其实是一种社会评价激励机制，高待遇可以吸引高水平高素质人才，高水平高素质人才能带来高产出。应用型本科高校在人事制度改革中，应当充分应用薪酬激励机制，发挥吸引人才、留住人才、发挥人才的积极作用。

根据美国行为科学家弗雷德里克·赫茨伯格（Fredrick Herzberg）提出的"双因素"激励理论，可以将薪酬激励分为两大类：一类是保健性因素，如岗位工资、固定津贴以及医疗保险类社会强制性福利项目等；另一类是激励性因素，如奖金、进修培训等。马斯洛的需求层次理论指出，人类的需求是分层的，唯有满足了底层的需求，人们才会想到更高级的需求。工资属于保健性因素薪酬，是满足人的低层次需求的重要保障条件，对绝大多数的人来说，仍是个硬道理。而那些高层次人才，他们追求更多的往往是精神上的满足，而且通常都具有较强的自我发展、自我实现的追求，虽已有了较高工资待遇，但如果缺少进修培训和晋升发展等方面的激励性因素薪酬，再高的工资对他们也缺乏吸引力。

所以，应用型本科高校要建设一支高素质的师资队伍，必须要建立良好的薪酬激励机制，保证薪酬激励的有效性。根据"双因素"激励理论，在高校，保健性因素的薪酬包括基本工资、超课时费、激励工资、贡献奖励、科研经费、各种补助及各种社会保险等等；激励性因素的薪酬包括通勤车、免费工作餐、单身公寓、婚假、产假以及各种进修培训等。

良好的薪酬激励机制，对内要做到公平、合理、科学、透明且切实可行，尤其是对具有"双能型"素质的教师，在经费报销、科研奖励、评优、提拔以及职称评聘等方面给予优先考虑，并与绩效考核挂钩，对外应具有竞争性。

这样才能有力地吸引更多的优秀人才，聚集高素质的人才，增强应用型本科高校师资队伍的实力。

2. 完善教师考核评价机制

在应用型本科高校师资队伍的建设和管理中，完善教师考核评价机制，充分发挥考核评价激励导向的作用以及改进的功能，促进教师不断总结教学工作经验、不断改进和提升工作能力，这有助于提高学校教学质量，有助于了解和确定教师是否需要进行培训，并且有助于形成良好的教师关系等等。合理的教师考核评价机制既是促进教师教学能力发展的有力措施，又是发现不足、发挥优势的有效途径，更是一项至关重要的教育人事管理改革。

应用型本科高校需要不断地积极探索与改进教师考核评价的标准和考核办法，建立科学合理、公平公正、操作性强的教师评价体系，重视聘期考核、团队考核、完善以能力和绩效为导向的考核评价机制。结合不同学科专业教师的特点及不同类型教师的职责，实行不同方式的考核评价。教师考核评价需要多样化，不可用同一把尺子来衡量所有的教师。对骨干教师特别是学科和专业带头人的评价方法、考核方式，要实现动态管理，激励学科和专业带头人在教学科研团队建设、科研平台搭建、学科专业和实验室建设以及成果培育等工作中发挥更加积极的突出作用，以增强应用型本科高校的办学活力和核心竞争力。

3. 健全职称评聘政策

高校教师职称评聘制度的改革是高校人事制度改革的核心，也是高校人力资源管理实践的重要组成部分，对于高校教师个人发展起着重要的导向和指挥的作用。随着高校教育体制改革的不断深化，应用型本科高校教师职称的评聘工作在很多方面已经无法适应发展需要。

一直以来，应用型本科高校教师职称晋升的标准条件还是沿袭过去传统的注重教师的科研和论文发表的数量，以及论文发表的刊物级别上，对教师的教学情况重视不够。科研项目、论文成了职称评审的"硬指标"，教学变成了"软指标"，这样的职称评价机制很不利于教师教学水平及应用型人才培养质量的提高。

为了提高应用型本科高校教学质量和人才培养质量，坚持教师职称评聘的改革方向，抓好职称评聘制度改革。根据学校现实发展的实际需要，建立多元化的教师职称考评体系，鼓励教师潜心教学。根据学科专业本身的差异及其发展层次和水平的不同，以及教学岗、教学科研岗、科研岗的不同，对教师的职称评聘实行分类评价，区别对待。对于"教学型教师"，应当加大教学考核方面的比重，积极探索对教学质量的评价机制，强化学生评教和同行的学术评价，鼓励优秀教师更多地参与教学、不断提高教学质量，为教书育人多做工作，多作贡献。

第二节 加快培养应用型人才的要求

随着高等教育的普及化，高等教育的结构和功能都经历了相应的调整和变化。在教育普及化的时期，我们需要加强对应用型人才的培训，建立全新的应用型人才培训体系，确保高等教育更好地满足社会的实际需要。

一、应用型人才的概念

应用型人才与学术型人才是相对的，他们具有特定的专业知识和技能，可以把学术研究的成果转变成社会生产力，或者把社会生产力应用到社会生产实践中，从而获得经济利益。

人才的种类和等级并非一个相同的定义。人才的种类和等级是基于对人才的横向和纵向来区分的。应用型人才一般和学术型人才有所区别，无论是应用型人才还是学术型人才，他们都会被分为高级、中级和初级三个层次。还有，将应用型人才视为初级或低级，将学术型人才视为高级的这种看法是不准确的。因此，我们可以得出结论，应用型人才的培训既涵盖大学和本科教育，也涵盖工程硕士、临床医学博士等专业学位教育，这些教育都是为了培养具有高级应用能力的人才。在学术型人才和应用型人才之间，实际上有一个逐渐变化的中间区域。在特定的条件下，两者能够相互转换。在现今高等教育普及化的大环境中，人才能够依照其工作属性和职业被分类为学术型和应用型，这体现了社会对人才多样化日益增长的需求。

依据学术界以上几种主要的观点，本书把应用型人才定义为：根据一定的理论规范指导，从事与具体的社会生产劳动和生活紧密相关的工作，他们具备一定的专业知识和专业技能，具有很强的职业适应能力、一定的创造性和自主学习能力，并且在能力和知识之间可以进行一定程度的转换。

二、应用型人才培养的特点与核心

（一）特点分析

应用型人才培养目标是建立在高等学校定位的基础上的，"应用型"属于一所学校在整个高等教育系统中的定位，"人才培养目标"属于学校内部各要素在学校发展中的定位。"应用型"很清晰地反映了高校定位于"应用"而非"研究"，区分了与研究型高校的差异。但是，需要特别指出的是，"应用"中是有学术的，不过更重视"术"，即技术、方法的开发与应用，"学"是为"术"服务的。"研究型"高校也有学术，它更重视"学"，即原理、原始的发现与创新，"术"是为"学"服务的，表现为用一定的技术方法去开展研究工作。从这点出发，"应用型"人才培养和"研究型"人才培养在"学"与"术"上是有不同的目标内涵的。

从"学"上看，应用型人才培养更应该让受教育者认知"是什么"的问题。重点学习和掌握各种理论、原理的结论、基本内涵、边界条件、应用范围等，为今后"术"的学习、应用奠定理论基础。而研究型人才培养更侧重于让受教育者认知"为什么"的问题，即重点学习和掌握各种理论、原理的逻辑内涵与关系，这种逻辑内涵与关系决定了应用型人才培养理论、原理的结论、边际条件和应用范围，从更深刻的角度解释现象产生的内在机理和发展变化趋势。举例来说，物体间的引力是一种自然现象，对这种自然现象的解释是通过对万有引力的研究来实现的。研究型人才培养要掌握的是为什么物体间存在相互引力，这种引力的大小是如何刻画的，引力变化的影响因素有哪些，这种引力变化的内在机理是什么等；而应用型人才培养要掌握的是如何利用万有引力为人类社会服务和创新应用技术，从而实现火箭、卫星、飞船等产品的设计与使用。显然，研究引力原理的只能是少部分人，而研究引力应用需要的庞大的人才群体。因此，我们既不能"重学轻术"，也不能"有术无学"，这两者都不能很好地实现人才培养目标，而这恰恰又是我国现有高等教育中容易产生的两种极端现象。有的高校人才培养片面追求"学"而忽视"术"，使培养的人才将研究成果转化为技术应用的能力薄弱，研究成果转化率低；而有的高校人才培养只专注于技术的应用，缺乏对原理性知识的学习，使培养的人才理论底蕴薄弱，缺乏发展后劲。

从"术"上看，应用型人才强调的是技术应用、技术创新和技术实现方法；而研究型人才强调的是研究方法创新，研究方法创新有力推动着理论研究创新和验证。牛顿与爱因斯坦分别创立的万有引力理论和相对论是对物体运动规律理论的创新，但在当时的条件下是很难验证与实现的，后来随着技术进步，天文望远镜、核技术的突破，使万有引力理论和相对论得到验证。这充分说明研究方法和技术对理论原理研究的促进作用，正是这种技术验证的突破，推动了技术应用的突破。因此，学术本身就是相互促进的。

研究应用型人才培养目标定位，有必要在厘清"学"与"术"的关系基础上，对与人才培养密切相关的"学科专业"与"学术"间的关系做进一步说明。

从我国高校毕业生拿到的证书上看，是与西方高校存在差异的。我国的高校本科毕业生既有学位证，也有学历证。在学位证上注明的是"学科"，而毕业证上注明的是"专业"。而英美等西方国家的高校本科毕业生是没有专业之说的，他们所说的"专业"与我们所说的"专业"在内涵上是不同的。

从社会认知来看，中国和西方高校对专业内涵的认知也是不同的。在我国的高等学校中，和不熟悉的学生交谈时，人们往往首先询问"你来自哪个学院？"当在大学校园之外和不熟悉的人交谈时，一开始被询问的是"你在大学里主修的是哪一个专业？"在英国、美国和其他西方国家，面临的问题是"你主要研究哪些方面？"在我国的高等学校中，人们通常是根据他们所学的学科来讨论专业学习的议题。在我国的大学校园之外，人们通常是根据未来就业市场的需求来讨论专业学习的议题。而在国外，人们主要集中讨论的是基于未来的就业领域的专业学习问题。

在我国的文化背景下，人们往往将专业视为一种具体的实体，这表明了其深层次的本质。很明显，这仅仅是一种专业的管理方法，抑或是，因为学术理性被隐藏，专业在实现自身价值时，也展现出了许多的行政化特点。将专业视为很多课程的结合，实际上是该专业在英国、美国等国的价值体现的一种客观方式。

然而，学科与专业是两个不同的概念。《辞海》对于学科的定义得到了众多学者的赞同：学术的分类是指特定的科学领域或某一科学的专业分支，如自然科学中的物理和生物，以及社会科学中的历史学和教育学等；"教学科目"的缩写，也就是"科目"，是学校教学活动的基础构成单位。在我国的教育领域，研究人员一般从三个维度来界定学科：第一点是学科的子领域；第二点是关于教学的课程；第三点是关于学术的组织方式。在《辞海》中，专业被明确界定为高校或中等专业学校按照社会分工需求所划分的学科类别，而且强调每个专业都有其独特的教学方案，来反映该专业的教育目标和标准。在《教育大词典》里，"专业"这个词是从苏联翻译过来的，它涵盖了中国、苏联等国家在高等教育中为学生提供的各种专业。按照国际教育的标准分类，这被称作课程计划。潘懋元和他的团队持有这样的观点：专业实际上是一种课程组织方式，将不同的课程相结合会产生不同的专业。这样的解读在很大程度上和国际上普遍接受的专业定义是一致的。

在西方国家的观点中，专业被视为多种课程的融合，或者更准确地说，是各种不同的课程安排。所谓的专业，是指一套具有明确逻辑联系的课程体系，这可以看作是一个培训方案或整体的课程结构。在西方国家，专业的分类仅仅是对高校专业人才培养成果的一种统计总结，而这种专业的分类对于培养出的特定人才的知识和能力结构不会产生实质性的影响。

我国不同专业培养的人才，其知识能力结构有相当大的差异。例如，我国长期以来是通过理科、文科来划分人才类型的，理科、文科人才培养的知识能力结构存在很大差异。要理解这其中的原因，就要从英美等西方国家的高校学科设置上找到答案。美国本科综合性高校中学院的设置一般包括基础学科所在的文理学院和应用学科所在的应用学院两大类。基础学科包括自然科学、社会科学、人文科学三大类。自然科学包括数学、化学、生物等，社会科学包括经济学、政治学、心理学等，人文科学包括历史学、哲学等，三大高校学科共同构成了文理学院。由此可以看出，文理学院的办学是认识论哲学指导下的办学，基本是探索、研究、学习原理性知识，较少涉及具体知识与技术的应用。应用学科所在的应用学院，包括工学院、医学院、商学院、法学院。其中，工学院、商学院既招本科生，也招研究生，而医学院、法学院只招研究生；其他应用学院，如建筑学院、神学院等只招研究生，不招本科生。美国高校中的基础学科与应用学科的关系基本上能反映出文理学院与应用学院的关系。文理学院在美国一流综合性高校中占有重要地位，这些高校的应用学院可能不全，但是文理学院中的学科体系是非常完整的。

从人才培养上看，大部分本科生选择在文理学院学习，事实上，文理学院是唯一的本科招生学院，这与美国高等教育更偏向于通识教育而不是专才教育是密不可分的。通识教育的核心目标是提升学生的综合素质和思考能力，而不是单纯地培养他们的实际应用技巧。文理学院不仅是主要的本科生培训场所，同时也是博士研究生的培训中心。尽管应用学院也会培养博士，然而其在规模和质量上远不如文理学院。美国的硕士与我国的硕士的内涵不同，在文理学院，硕士是过程学位，博士是终极学位，而应用学院的硕士、博士学位都属于终极学位。对应于我国的学位制度，美国的应用学院硕士相当于我国的专业硕士，也可以说我国的专业硕士是学习和借鉴了美国应用学院的硕士培养模式。而在美国是没有学术硕士的说法的，文理学院的硕士是为博士培养做准备的。

从科学研究上看，文理学院的学科设置是为应用学院的人才培养奠定基础的。在美国没有文、理分科的人才培养模式，美国文理学院的基础学科是发现原理，其没有直接应用性，但这些学科的理论知识是根本性的，没有一流的基础学科，应用学科的发展就会成为无源之水。目前我们能够观察到，诺贝尔奖项的设置主要是针对基础学科，如物理、生物和文学等，而并没有专门为应用学科设置奖项。所以，从培养人才和进行科学研究的角度来看，自然科学、人文科学和社会科学的水平成了评估一所高等学校学术能力和学术影响力的关键标准。

从文理学院和应用学院教育哲学来看也是不同的。文理学院以认识论教育哲学来指导，其学科设置和研究内容是为了探索真理和增进对客观世界的认识；其学科研究体现的是有没有"趣"，在文理学院的基础学科教学中，好奇心是学生和教师的重要心理因素，这种研究不是把有没有"用"作为研究目标，麦克斯韦的电磁理论和赫兹的实验都对应用价值没有什么作用，却成就了马可尼的无线电技术。对文学的欣赏、对历史的考证、对哲学的思辨，本身就是以"有趣"作为研究目标，而应用学院的学科设置是以政治论教育哲学来指导的。应用学院的教学与研究专注的是有没有"用"，这是衡量应用学科的重要标准，因此，应用学院专注于理论、原理、方法的应用与开发。我国现在的工科高校也特别注重理科的基础构建，并增强了"有没有趣"的基础学科人才培养，但是培养重点和定位还是在"有没有用"上，这也是导致我国基础研究人才培养滞后和基础研究水平不高的重要原因。

从以上分析可以看出，高校的定位对人才培养目标有至关重要的影响。如果高校定位于世界一流研究型综合高校，那么人才培养目标就应该定位于培养学生的理性思考和创新思维能力，鼓励学生学习、研究以"有趣和好奇"为终身价值取向，其职业选择也与研究相关；学校既要建设一流的文理学院，也要建设一流的应用学院，用一流的师资、一流的条件和一流的管理培养研究型人才。如果定位于应用型高校，那么人才培养目标就应该定位于培养学生的专业认同和增强职业发展上，着力培养学生的知识、原理、理论的应用能力。

（二）核心

应用型人才培养应以实践为核心。随着高等教育的普及化，它更加满足了经济和社会建设对多样化人才的新需求。这种转变也暗示着教育和教学模式需要进行根本性的改革，从一个以知识积累为核心的模式，转向一个以满足社会需要为主导的模式。在专业的构建方面，我们需要从以学科结构为核心的专业模式，转向根据工作的实际需求来确定专业方向。我们需要加强以行业和产业为中心的专业布局思维，将满足区域经济和社会发展的需要视为方向，适时地完善专业设置。我们应主动发展与区域经济社会发展和产业转型升级密切相连的应用型专业，并强化各专业之间的内部关系。合理地集中资源来构建专业群，可以形成集群效应，从而让人才培养更加富有亮点。我们需要摒弃传统的、以学科为核心的知识、能力和素质结构，并建立一个全面的人才培养方案的专业建设思维。我们应遵循职业教育原则，将服务地方和行业作为核心目标，致力于培养应用型人才，强化专业内涵的建设，从而在专业方面促进学校发展。

要创新人才培养策略。地方本科高校为区域社会经济发展提供各种应用型人才，一定要深入分析区域社会对人才的实际需要，并对学科和专业结构进行优化，同时创新教学方法和人才培养策略，确保为区域社会培育出真正有用的高质量应用型专业人才。人才培养策略是在特定的思想或理论指导下，以人才培养为核心来进行的教育活动。地方性本科高等学校在转型和发展过程中，一定要摆脱传统的"三为主"人才培养策略，即以理论教学、课堂讲解和教师为核心。在维持其"高等性"和"教育性"特质的基础上，应加强职业教育的"职业性"特质，持续遵循德育优先、能力培养、全方位发展的教育观念。同时，应坚持以职业为导向的人才培养策略，建立一个理论与实践相结合的专业课程体系，采用以学习和实践相结合的行动导向教学方式，形成具有"双师素质"和专业与兼职相结合的教学团队。要平衡专业技能的培养与理论知识的学习，以及平衡"通才"与"专才""当前就业状况"与"终身学习"之间的关系。要强调实践教学的重要性和实习实训的成果，持续完善学校内部实习实训基地的模拟环境，并持续增加校外实习实训的投入。应利用培养出来的人才独特优势来吸引社会各界的关注，推动学校与企业、学校与其他学校之间的合作，并在这种合作中强调人才培养的独特性，从而形成一个特色培养的良性循环。所以，我们需要从多个维度，如人才的培养目标、培训流程、保障措施、培养特点以及评估方法等，来全面构建一个将工作与学习相融合的人才培养策略。

根据经济社会发展以及用人单位的实际需求，培育出具有实践性、操作性和应用性的应用型人才，并确保学校与企业之间的无缝对接，这是应用技术高等学校的核心竞争力。在地方本科高校向应用技术高校转型的过程中，首先是加强对实践课程和实习环节的重视。在课程设计方面，目标是培养学生利用理论知识处理问题的能力。在为期四年的教育计划里，可以为所有学生设定不少于两个"实习学期"的必修课程。其次是构建学校与企业之间的合作伙伴关系。致力于建立学校与企业之间的合作计划和培训体系，探讨学校与企业之间建立实训基地的可行性，并试验如"引校进厂""引厂进校"和"前店后校"等校企一体化的合作模式。这样可以让学生在具有丰富企业经验的技术人员的带领下，参与到生产或技术项目中，从而培养他们的实践能力。在实际的生产环境中，要培养学生的软技能与尽职尽责的态度，使学校的人才培养与企业的生产服务流程、价值创造过程相结合。再次是运用工学相结合的教育方法。按照实际的生产和服务技术以及流程来构建教学课程环境，并按照产业实际需要的设备和工艺来建立实训基地，同时针对产业和企业发展中遇到的实际问题来确定教学和研究的项目。最后是采用多种灵活的学习策略。要打破传统高等教育中的全日制学习模式，可以尝试融合全日制和部分时间制，并逐渐融入工学交替、学徒制和远程教育等多种模式，旨在为学生提供更为便捷和多样的学习路径。尤其是拥有中国传统教育优势的学徒制度，能够借助与企业的联合招生培训来实现其推广和发展。

应用型本科教育的目标是培养具有高素质的应用型技术人才，而不仅仅是普通本科教育中的学术型、研究型和工程型人才。这种教育模式不是单纯地以学科为中心，而是以应用能力为核心，来建立学生的知识体系、技能和素质结构。应该以提高学生的实际应用技能为核心，科学地制定人才培养方案，并对实践教学机制进行创新，增加实践教学在整体教学方案中的占比。在学会必要的理论知识后，可以进一步加强其实际操作能力。为了满足社会对人才在创业精神和实践能力方面的需求，我们有必要建立一个全面的培养体系，包括从课内的综合实践技能训练，到课外的自助式开放实验训练，再到贯穿整个校内学习过程的专业素质拓展训练和校外实习训练。应以应用型人才的培养方向为基础，高度重视对学生创新能力的培育。构建包括专业课程实验、实习实训以及毕业设计在内的一套相对完善的实践教学体系，以提升学生在工程方面的意识和实践操作能力。为了培养学生的自主学习能力，应该减少课堂内的授课时间，增加课外的实践时间。在开展教学活动时，建议采用研究式、问题式和讨论式的教学策略，通过师生之间的互动来培养学生的提问意识和质疑态度。为了鼓励学生的创新精神，可以建立创新实验室并扩张其对外开放的范围。同时，也可以推荐学生参与各类科技创新比赛，并为他们的课外科技成果提供学分奖励，从而激励他们积极地进行创新和实践。

三、基于应用型人才培养的双师型教师队伍建设

为贯彻落实《关于全面深化新时代教师队伍建设改革的意见》和《国家

职业教育改革实施方案》，深化高校教师队伍建设改革，培养高素质"双师型"教师队伍是现阶段各高校运营管理中的重要工作任务。而在高校重视培养应用型人才的今天，教师对应用型人才培养起着非常重要的作用，建设高素质师资团队，可以更好地培养社会发展所需要的应用型人才，进一步推进现代化职业教育发展。同时，建设双师型教师队伍应从招聘源头开始，重视人才引进和人才培养，并强化各项人才管理制度。

（一）价值取向

1. 应用型人才培养兼顾效率和质量

国家对职业教育的重视在不断提高，尤其是在应用型人才培养的效率和质量上有着更高的要求。在职业教育改革过程中对职业教育效率板块的提升体现在两个方面：一方面是对职业教育资源配置的优化；另一方面是对高校办学效率的提升。为了有效提高职业教育的综合质量，建设一批双师型教师队伍，推动高等职业教育发展，需将有限的资源应用到职业教育师资团队打造中，达到提高应用型人才培养效率和质量为目的，从而促进中国职业教育向更高层次发展，提高受众普及质量、提高职业教育水平。

2. 应用型人才培养发展坚持以目标为导向

随着我国经济的转型，高质量发展需要高质量的劳动人才和技术人才，应用型高校作为培养技术型人才的重要阵地，要打造创新技术技能的平台，要建设高质量高校和建设高质量专业教育，而双师型教师队伍建设是实现相关目标的基础。建设独立的高职教育体系，使职业教育区别于普通教育，在这期间需建立合理科学的教育模式和教育体系，除了有效健全相关的政策制度以外还需要培养一批符合职业教育需求的教师团队，才能实现职业教育的现代化发展。发展阶段职业教育是提升国家教育软实力的重要组成部分，需打造一批满足国际先进水平、能够推动职业教育高质量发展的教师团队，使中国的职业教育能够站在国际舞台上大放异彩。

（二）目标与现实对比

近几年来，我国陆续出台了"双师型"教师的各类政策引导，不难发现，在相关的政策中"双师型"教师的内涵和界定越来越清晰，政策指向内容越来越完善。但是国家在推动"双师型"教师队伍建设时相关的政策约束力并不强，只是在引导各高校按照相应的政策去完善"双师型"教师队伍建设，相关的政策内容较为宏观，并没有明确的监督机制和实施细则，很多高校在实施"双师型"教师队伍建设，是仅依照本校对相关政策的理解去完成相应的工作，这会导致每个高校实施过程都会存在着区别，很多高校在实施过程中也会出现偏离政策的情况。另外，一部分高校在针对"双师型"教师培养时力度较弱，培养方式单一，很多高校仅止步于展开教学研讨会、交流会、讲座论坛，这就无法培养教师的综合素质。同时，很多高校没有邀请企业参与到"双师型"教师培养中，这表明高校的顶层设计，并没有引导企业来参与，与企业的合作仅停留于学生的输送。校企合作不仅是学生输送的合作，还应该有教师培养、学生培养机制存在。

除此以外，教师自身对"双师型"教师培养的重视程度并不高，很多教师不愿意参与培训活动。一部分高校在展开"双师型"教师培训活动时并未考虑到教师存在的工作负担，在日常工作中需要面对教研活动、教学活动有着巨大的工作压力。同时很多高校在安排"双师型"教师培训活动时，会安排在假期未考虑教师的生活实际情况，导致教师无法高效地参与到培训中。另外，一部分高校针对教师的晋升机制并未明确提出"双师型"教师方面的内容，重理论、轻实践，也制约了教师锻炼提升自身的实践能力。

（三）系统构想

1. 建立激励机制

为了确保"双师型"教师队伍的建设，构建一个有效的激励机制是至关重要的。高等学校可以考虑在教师薪酬上更多地支持"双师型"教师，并为这些"双师型"教师提供更为优厚的福利。另外，还可以为这些教师提供特定数量的额外补助，以鼓励他们参加"双师型"教师建设的积极性，并进一步提高他们的专业能力和教学水平。同时，高等学校也可以从其独特的办学特色和教育发展的实际需求出发，划拨一部分资金用来支持教师参加职业技能的培训，从而在大学环境中营造出一个积极的培训氛围，为"双师型"教师提供一个提升的机会。

在进行职称评定时，高等学校应将"双师型"教师置于优先地位，并倾向于支持这类教师，恰当地减少其在科研方面的数量需求，以提高他们在职称评定中的占比。另外，我国的政府也应当构建相应的激励制度。我国的政府计划创建一个与"双师型"教师有关的信息库，并将满足学位、技能和素质要求的"双师型"教师资料记录到此数据库，从而进一步完善我国的师资储备体系。综上，我国的高等学校和政府需要携手合作，构建合适的激励制度，确保"双师型"教师能够稳定成长，并鼓励越来越多的教师积极地转型为"双师型"教师。

2. 完善监督机制建设

"双师型"教师队伍的主要优势在于，它不仅可以帮助学生学习理论知识，还可以增强他们的实际操作技能和处理问题的能力，从而帮助学生成为具有实际应用能力的人才。所以，在建立"双师型"教师队伍的过程中，有必要构建适当的监督机制，以此为重点，来提高教育和教学的质量，优化高校的内部教学环境。

第一，高等学校要为"双师型"教师构建一个独立的评估体系，该体系将用于对这类教师在日常教学活动中的质量进行全面评价。另外，还可以为"双师型"教师设计题目，通过将知识与实际操作相融合的方式，来确保高等学校中的"双师型"教师实现更高层次的教学效果。

第二，高等学校要根据自己的办学特色，探索不同的考核方式。高等学校在制定评估准则时，可以考虑减少关于科研和职称评审的理论占比，更多地关注教师的技能水平及对教师日常教学效果的评估。同时，高等学校可以考虑为教师提供更多的机会参与省级的各种技能竞赛，鼓励教师进行横向的课题研究，并在评估准则中加上竞赛这一重要内容。

3. 变革管理制度

"双师型"教师最显著的优点在于，他们有能力把自己的专业技术和实践方法教给学生，并引导他们参与各种实践活动，从而全面提升学生的综合素养。然而，从当前高等学校中"双师型"教师的人数来看，对于应用型人才的培养仍然具有明显不足。所以，高等学校需要借助人力资源管理来培养"双师型"的教师团队，并构建相应的管理体系，来完善大学内部的人才培养策略，适应现代社会对人才的多样化需要。在招聘教师时，高等学校应当按照选拔优秀人才、确保公平与公正的准则，并依赖有效的管理体系，确保招聘的老师能够满足高校的实际需求。凭借教师的专业技能来给其分配职位，确保高等学校内部的人员流动顺畅，防止教师在职位上发生渎职的情况。同时，借助这种方式，可以给高等学校中的普通教师转型为"双师型"教师创造更多机会，从而增加"双师型"教师人数。

4. 加强校企合作

高等学校在构建高质量、实践能力强的"双师型"教师队伍时，不仅要充分利用自身的能力，还要与企业建立合作关系和联动机制，给高校教师创造更多的实际操作机会。利用这样的方式，可以强化高等学校和企业间的人才交流，引导教师去企业参加挂职培训，这样教师就可以把企业的先进理论和实践方式融入高校的课堂教学中，从而提高课堂教学中实践课程的占比。同时，高等学校也能和企业携手合作，共同建立培训基地，并对大学内部的教师进行专业培训，以便更多的教师转型为具备"双师型"特质的教师。这种做法既可以增强普通教师的实际操作能力，还能扩大"双师型"教师的队伍规模，进一步丰富"双师型"教师的专业队伍，从而提高高等学校的教学质量。

第三章 应用型本科高校
教师发展状况分析

回顾应用型本科高校教师教学发展历程，梳理教师教学发展历史，对完善应用型本科高校教师教学发展体系、促进其教学变革具有重要意义。本章内容为应用型本科高校教师发展状况分析，依次介绍了应用型本科高校教师发展变迁、应用型本科高校教师发展趋势、应用型本科高校教师发展问题三个方面的内容。

第一节 应用型本科高校教师发展变迁

高等教育发展的历史轨迹表明，其学术领域和生计领域时常发生交叉互渗现象，表现形式也多种多样。然而，从实体层面看，这通常意味着传统的学术型高等学校正在向职业领域进行拓展，与此同时，一些具有明确职业服务目标的新兴学院则正在学术和科学方面进行深化或提升，有些甚至因此被提升为高等学校。

应用型高校是指面向区域经济社会，以应用性学科为依托，以应用型教育为基础，以社会人才需求为导向，培养高层次应用型人才，开展应用型科学技术研究并为社会提供技术支持等相关服务的高等教育机构，是我国高等教育结构的重要组成部分。近年来，我国高等教育政策力促高等教育办学结构转型，应用型高校的内涵和外延也因此变得丰富。目前，以举办应用型本科教育为主的地方新建本科高校和独立学院为主，我国的应用型高校主要是以地方本科高校和行业性实科类高校为主的高校类型。

一、我国应用型高等教育的历史阶段与特征

（一）洋务运动时期的应用型高等教育

我国应用型高等教育的开端可以回溯到洋务运动时期。彼时，国家急需"翻译兼译述的人才、海陆军的将才，以及制船造械的技术人才"[①]等一大批能够运用先进科学技术的专业应用型人才，以及能够培养出这类应用型人才的高等学校。于是，以福建船政学堂为代表，京师同文馆、上海广方言馆、广州同文馆和湖北自强学堂等以培养方言人才为目的的方言学堂和福建船政学堂、天津水师学堂、天津武备学堂、山西武备学堂和湖北武备学堂等以培养水陆军备人才为目的水陆军学堂应运而生。

此外，清朝末年还有电报学堂、纺织学堂、邮政学堂、蚕桑学堂和矿业学堂等各种实业学堂，成为我国最早的近代应用型高等学校。这些学校以培养适应当时社会发展需求的应用型人才为办学目标[②]，为当时的社会培养了大量的应用型人才，满足了社会对应用型人才的需求，可以看作是我国应用型高等教育的开端。

（二）大众化背景下的应用型高等教育

21 世纪初，我国高等教育进入大众化阶段。这一时期，高等教育的规模与格局发生剧烈变化，办学领域初步划分，产生了一批以培养应用型人才为办学目标和定位，实施应用型教育的高等高校，有学者把这一批 1999 年前后

---

① 陈青之. 中国教育史 [M]. 北京：东方出版社，2008.

② 潘懋元. 应用型人才培养的理论与实践 [M]. 厦门：厦门大学出版社，2014.

建立的应用型高校统一称为"新建本科高校"。因其特殊的办学定位、人才培养目标和灵活昂扬的办学活力，成为大众化背景下我国高等教育格局里一道特殊而亮丽的风景线。这一时期，教育质量得到关注，高校教师的发展是其中的核心话题。

（三）应用型高等教育的新阶段

随着高等教育大众化的不断深入，高等教育进入高校结构调整时代。国家和各省市都出台了相关政策，探索高等学校结构转型。在2013年6月，一个以新成立的地方性本科高等学校为核心的应用技术高校联盟正式建立，该联盟最初是由35所高等学校构成。办学实践方面，是以地方新建本科高校与独立学院为主体的应用型高校，明确走应用型高等教育办学道路，一批应用型高等高校在发展成果瞩目的同时，近几年也迎来政策环境上的契机，逐渐获得社会上的认同与政策认同。这一阶段成为应用型高校发展的良好契机，标志着我国应用型高校进入发展的繁荣阶段。

这一阶段，以应用型高校探索进入内涵式发展阶段为标志，在办学环境上，应用型高等高校的办学地位不断上升。教育部2013年12月发布的《关于完善本科学校设置工作的指导性意见》（简称《指导性意见》）明确指出，高校要办学定位于培养应用型人才。为了满足区域经济社会的发展和产业结构的优化需求，我们需要确立人才培养的标准和方向。我们的目标是培养面对生产和服务前线的高素质应用型、技术技能型、复合型人才，他们不仅拥有坚实的理论基础和出色的实践能力,还拥有持续学习的能力。《指导性意见》新增了"应用型办学特色"的考核项目，主要内容涵盖：近三年内毕业生的总体就业率不低于95%，并将就业率和专业对口率当成评估学校人才培养质量和水平的关键指标。为了增强地方经济和社会发展的服务能力，在学校的本科专业中，有超过60%是与实体经济、新兴产业以及现代服务业有关的工程和管理等紧缺专业。在教师团队中，拥有"双师型"资质的教师比例高达40%，那些来自不同行业、专业技术或高技能领域的兼职教师，至少占全职教师的 25%。实训中心的面积至少是图书馆面积的两倍，这样做是为了加强实践环节的培养。

在这一阶段，应用型高等学校办学队伍不断扩大，民办高校与办学资本也开始进入应用型高等教育领域。

在 2015 年 10 月，教育部、国家发改委和财政部共同发布了《关于引导部分地方普通本科高校向应用型转变的指导意见》。这一文件把应用型本科教育的建设提升到了国家的战略层面，并为全国各地的高等学校制定了适应经济新常态、以服务创新为驱动的发展策略。2021 年 3 月发布的《中华人民共和国国民经济和社会发展第十四个五年规划和 2035 年远景目标纲要》明确提出："推进高等教育分类管理和高等学校综合改革，构建更加多元的高等教育体系……建设高质量本科教育，推进部分普通本科高校向应用型转变。"经历了超过十年的不懈努力和摸索后，应用型高等教育终究走进了高等教育体系之中，并获得了国家政策的正式承认。我国的应用型高等教育经历了从初步的理论构建到部分地方的尝试，再到获得国家政策的批准和广泛的推行，这是一个从理论构建到实际应用的整个发展历程。

二、我国应用型高校教师发展实践的变迁

在应用技术高校的建设过程中，在名义上的转型和实质上的转型之间，教师这一核心元素显得尤为重要。如何培养出适应社会经济发展需求的应用型人才，作为传道、授业、解惑的高校教师起着关键作用[①]。如果应用型高校在转型建设过程中忽视了教师发展这一核心要素，那么政策口令提出的转型将不会有实质性的进展，同时应用技术高校的转型建设也将无法启动。然而，令人遗憾的是，在现实生活中，高等学校的建设好像很少对教师和教师团队的质量提升进行深入的探讨，这导致高校教师的发展常常被忽略。

---

① 张帆. 浅析应用型大学建设背景下教师如何转型——以河北科技师范学院生物科学教学为例 [J]. 人才资源开发，2015（8）：181.

同时，随着高等教育的普及，社会各界对高等教育质量的负面性评价已经超出了高等教育硬件设施不足的范畴。因此，高等教育中的软性资源，特别是教师的素质，能否满足高等教育质量建设和改革的需求，成为社会责任追究的核心议题。毫不夸张地说，对于肩负应用技术高等教育转型任务的高等学校而言，教师的专业发展将决定这些高校是否能成功转型和效果如何的决定性因素。

我国应用型高校教师发展的历史，是我国应用型高校的发展历史在教师发展领域的生动反映。我国应用型高校的产生、发展及转型变革与未来方向都直观映射到了教师发展的历史、现状与趋势上。尽管每所应用型高等学校在具体办学历程上有差异，但我国应用型高校的办学历史仍然有共性可循。因此，应用型高校的教师发展活动虽然看似无规律，但从大的历史变迁上看，还是颇为清晰的。我国应用型高等教育的办学主体是以地方本科高校以及独立学院为主的地方一般本科高校，办学前身多为高职高专，后升格为本科，目前大多面临着转型发展或内涵式发展的挑战，应用型高校教师发展是和应用型高等教育发展的历史变迁与变革紧密联系在一起的。以应用型高校的办学历史为主线，可以将我国应用型高校教师发展实践分为四个时期，即前身时期、积淀时期、快速发展时期、转型时期。不同时期在应用型高校教师发展的需求、目的、观念和方式、项目内容、经费来源和组织机构上都呈现出了不同的特征。

（一）办学前身时期的应用型高校教师发展实践

我国应用型高等高校的情况比较复杂，这部分学校里有数十年的老校，也有部分新建本科高校；既有行业性高校，也有地方高校[①]。我们一般狭义地认为，新建地方本科高校和一些从母校独立出来举办应用型本科教育的独立学院是应用型高校的高校主体。1985 年以前，中高职高专时期的办学工作

---

① 潘懋元，车如山. 略论应用型本科院校的定位 [J]. 高等教育研究，2009（5）：35-38.

为举办应用型高等教育打下了基础。中高职高专时期的教师培训工作，也为应用型高校教师发展工作打下了实践基础。

这一阶段的教师发展活动以提升教师的教育教学方法和专业技能为主。这些高校在升格或专门举办应用型高等教育之前，由于教师需求不同于普通学校，已经摸索和积累了一些教师发展的经验和心得，在后来举办的应用型本科教育中，教师发展活动也继承了这些应用型本科教育办学前身时期的教师发展实践经验。但中高职高专教师和本科教育教师培养的很多内容与要求并不一样，很多教师发展经验形式看似类似，实质却有很大调整。如产学研践习，中高职高专教师去企业的主要任务是搜集教育教学案例，其企业角色较单一，一般是技术员等。但应用型高校教师的企业践习任务是应用型科研与应用型实践反哺教学，教师的践习任务复杂于中高职高专时期，企业角色也主要是定位于技术创新与研发等。践习内容和任务、要求要复杂得多，践习角色也要多元得多。

高职高专时期的教师发展实践，对升本之后的应用型高校的教师发展实践来说存在有利方面，也有着不利方面。有利方面是师资队伍的应用性方面，高职高专办学历史为应用型高校打下了应用型师资队伍的基底，如果升本之后能够着力师资"转型"，以原有的师资队伍建设与教师发展经验传统为基础，切实注重弥补提高教师的学历学位与学术水平，对应用型高校教师队伍的质量建设来说是非常好的。但应用型高校在后期的教师发展实践方面，一是过分注重外部引进学术型人才，二是忽视教师队伍的内部培育与高校发展，反而进一步稀释和弱化了原先的应用型师资底子，此后的应用型高校教师发展也面临着一系列与此相关的问题与矛盾。

（二）升本时期的应用型高校教师发展实践

以 1985 年颁布《中共中央关于教育体制改革的决定》为标志，市场调节手段开始介入我国高等教育领域，此后诸如投资体制多元化、毕业生就业制度改革、科技转移和成果转化的市场化以及高等教育收费制度等，使高等教育体现出越来越明显的市场经济特征①。同样是在 1985 年左右，以德国政府援建合肥学院、黑龙江科技学院等应用型本科高校为标志，中德两国开始开展政府间合作，按照德国应用科学高校的办学模式在中国开展应用型高校建设，我国兴起了举办现代意义上的应用型高校的势头。到 2000 年，诸多原有高职高专学校借助我国高等教育大众化浪潮的推动，纷纷升格为本科或依附传统研究型高校建立起独立学院。以升本为标志，一批高职高专出身的高校升格举办应用型本科教育，并借助传统高等教育结构与传统高校的教育软、硬件资源，取得了极大发展，为后来进一步举办应用型高等教育和走内涵式发展的道路积累出决定性作用的办学经验与办学资本。这一阶段的关键词是"积淀"，是我国应用型本科高校办学资本与经验的积累期。

这一阶段，我国应用型高校的主要任务是探索和解决两个问题，即到底要不要举办应用型高等教育和如何举办应用型高等教育。在探索和解决的过程中，我国应用型高校的人才培养工作呈现出比较浓厚的"依附"现象和"路径依赖"现象。"依附"现象表现在地方新建本科高校升本后往往缺乏明确的应用型高等教育理念，大量效仿传统本科教育的人才培养模式。升本之后，应用型高校在"应用型本科"和"传统本科"之间摇摆，许多应用型高校偏向于依附研究型高校举办传统本科教育，陷入"二流传统本科高校"的办学境地。"路径依赖"现象表现在高校的办学资格容易转制为本科，实现"升本"，学校和教师的教学文化、教学观念和教学方法却难以在短期内实现"升本"。因此，许多升本后的高校由于缺乏本科教学理念和方法，陷入"升格化专科"的办学局面，教师从观念和方法上都难以顺利升本，一度形成了"本科化的专科教育"的办学局面②。

这一时期，我国应用型高校教师发展面临的主要问题是：由于教师的学历和学位水平普遍较差，再加上教师的教学观念"难以升格为本科"，这些因素都很难支持应用型本科教育的教学活动。相应的，应用型高校教师发展实

---

① 潘懋元. 应用型人才培养的理论与实践［M］. 厦门：厦门大学出版社，2014.
② 张泳. 应用型本科院校师资队伍建设的回溯、反思与展望［J］. 黑龙江高教研究，2014（2）：75-78.

践也需要解决一个涉及教师的关键性难题，即如何让教师从高职教师转变为能够承担起本科教学任务的、合格的高校教师。这涉及如何建立起本科教学观念，如何掌握本科教育教学技能等。教师发展工作的主要任务是本科教学观念的形成和教学方式、风格的转变，教师学历学位的提升，教师学科知识理论和本科教育教学技能的更新，新产生的教学工具、计算机辅助教学技术等的使用等。这一时期，我国应用型高校的教师发展活动也呈现出比较浓厚的"依附"现象和"漂移"现象。

（三）评估时期的应用型高校教师发展实践

这一阶段是我国应用型高校快速发展的阶段。在这个阶段，应用型本科高等学校的关键任务是执行"以评促建、以评促改、评建结合、重在建设"的宗旨，来评价本科教学工作的质量。在这一宗旨的引领之下，应用型本科高等学校逐步塑造自己独特的办学观念和办学方针，同时也总结出自己独有的办学特点。与本科教学质量评价的指标体系相比，应用型本科高等学校在教师队伍建设、专业设置及教学管理等多个方面都有了迅速的发展，同时其在社会上的口碑也逐渐得到提高。然而，在这个发展阶段，许多应用型本科高等学校，特别是新近成立的，却存在着发展速度过快或过热的问题。这些学校过于重视指标数量，却忽略了教育质量的重要性，从而在未来的发展道路上留下了结构性矛盾，并产生一系列的消极影响①。

这一时期，受本科教学工作水平评估指挥的影响，应用型高校教师发展实践也呈现出以规模扩张为主的发展特征，教师发展工作的主要策略是：应用型的本科高等学校重视引进持有教授或副教授职称的教师，并积极招募大量持有博士和硕士学位的即将毕业的学生；与老牌学术型高等学校合办短期学位课程班，输送本校教师就近进修并取得学位。两项措施并举，使应用型高校的师资队伍的数量得到快速增长，师资队伍的学历学位和学缘结构得到

---

① 张泳. 应用型本科院校师资队伍建设的回溯、反思与展望 [J]. 黑龙江高教研究，2014（2）：75-78.

迅速改善。

但由于受制于本科教学水平评估指标体系,这种突击式、形式化的教师发展工作过度强调数量,却忽视了教师质量对高校未来发展的重要性,使得花费大力气引进的大量外来教师、已取得学位但实际理论水平并未得到显著实质提升的本校教师在学校后来的发展过程中,并未在专业建设、学科建设等方面起到积极的作用。

(四)寻求转型时期的应用型高校教师发展实践

20 世纪末,我国高等教育学界出现了一次关于高等教育发展模式的学术讨论并提出了"内涵式发展"的说法,我国大多数应用型高等教育办学管理者也开始反思自身高校的办学历程与我国高等教育的发展方向。应用型高校逐渐意识到过去规模扩张式的高校发展策略已经走到一定地步,应用型高等学校要想在不断市场化和竞争加剧的高等教育格局下获得发展,必须转变发展思路,逐步控制规模,走追求内涵式发展的道路。这个时期对于我国应用型本科高等学校来说是至关重要的,它决定着未来的发展方向和教育质量。因此,这一时期,转型背景下的地方应用型本科高校开始寻求新的发展模式,探索从规模性发展转型到内涵式发展的途径与方法,教师发展亦然。

与此同时,在这个时期,教育部颁布了很多促进应用型高等学校发展的政策。例如,在办学理念层面,教育部推出了"卓越工程师教育培养计划";在教育层面,教育部实施了硕士专业学位研究生的培养项目;在办学平台层面,教育部与相关部门分别执行了名为"2011 计划"和"协同创新计划"的项目。对于应用型本科高等学校而言,这些政策的发布能够表明抓住机会的一方将会获得发展的先发优势,同时也会为其转型创设良好的外部环境。但同样是在这一时期,我国高校教师队伍规模迅速膨胀,教师发展压力倍增,高校教师队伍的急速扩张使应用型高校在如何建设教师队伍等问题上面临更大压力。因此,应用型高校也在教师发展方面面临着由于高校发展环境剧烈变革所带来的一些新问题。

总体看来，应用型高校的教师发展实践主要受到三种冲击。

第一，国际高等教育思潮和信息技术的冲击，如慕课、国际化等。应用型高等教育从教育内容、教育对象到具体的教学情境和场所等，都远远丰富、复杂于以往，应用型高校教师的职业内涵与角色也变得丰富多元。这一时期的教师发展活动也在积极探索和应对这些改变所带来的意识观念和能力素质等方面的挑战。

第二，以启动高等教育综合改革为标志，高等教育开始了探索内涵式发展的序幕。重视教学、社会问责、专业评估等高等教育质量话语体系里的语词被反复强调和提及，高校教师与教师发展成为重要与热门内容，受到前所未有的关注。

第三，应用型高等教育转型发展上升为国家教育政策，通过双师型教师和双结构型教师队伍建设实现应用型高等教育转型，成为国家高等教育工作的重要内容。

这一时期是应用型高校教师队伍快速增长的时期，为了实现发展目标，应用型高校以"引进人才"为主要策略，加强师资队伍力量，并逐步向下一个阶段过渡。应用型高校转型进入平稳发展期以后，教师发展需要以"内养"为主要策略，苦练内功，加强自身的教师发展能力。这一时期，以"内涵式发展"和"转型"为关键词，应用型高校进一步明确了面向社会办学的导向。

这一时期是我国应用型高校教师发展寻求转型发展的关键时期。从我国应用型高等教育的历史发展脉络可以看出，高校教师发展又历史性地成为目前我国应用型高校的关键诉求。尽管通过大力引进应用型高校师资队伍，使素质水平有了大幅提升，但应用型高校在推进人才培养、科研与社会服务等方面面临转型的同时，又逐步发现过去的教师发展思路并不适应转型的要求，教师教学能力和实务能力不足等问题逐渐显现，成为制约高校转型的教师发展难题。教师发展活动的主要任务也是解决这些问题，但教师发展的实际状况中也存在着重提高师资的学术水平而忽视教师的专业技术水平的现象。因此，高校转型建设背景下，应用型高校教师发展实践同样面临着教师评价观念、教师发展理念、教师发展方式以及教师发展机构职能定位的转型等现实问题。

这一时期，应用型高校教师发展实践与应用型高校转型发展及内涵式发展策略同频共振，开始探索项目化、制度化及克服教师发展活动的形式化和漂移化等沉疴积弊问题。应用型本科高等学校以转型和内涵发展为核心目标，在教师团队建设方面，已从单纯追求数量转向更注重质量，同时也在持续优化教师团队的学历、职位和年龄分布。主要措施包括：重点打造人才培养平台，实施人才培养工程，加大教育经费投入力度；将教师发展活动的重点逐渐转移到关注教师应用型教育教学能力的提升和实务能力素质的培养上，主要表现为关注教师发展改良教学效果，指导教师不断了解、掌握和使用新的教学策略，如微课、慕课等，以提升教学能力，为教师提供应用型教育教学训练和实务能力训练；通过高校教师发展组织建设与制度改进，致力于高校教师能力的提升，注重应用型高校教师信念、教师职业幸福感和归属感的培养与内部发展动力的激发等。

概括地说，目前我国应用型高校教师发展实践情况如下。

首先，在宏观层面上，目前高校师资培育体系只能实现应用型高校教师发展任务的部分功能，不具有针对性。

其次，在中观层面上，教师发展规划尚比较模糊，多表现为国家师资培训的辅助性活动，缺乏主体责任意识。因此，教师发展对象范围普及面狭窄，主要是新教师培训。教师发展内容也主要集中在校级层面的规章制度培训与高校发展理念的认同培训活动上。教师发展制度上，没有形成制度化的教师发展活动，主要是经验性地开展教师发展活动。教师发展方式上，借鉴国家高校师资培训体系的主要方式，以课程培训与讲座为主，近年加入了竞赛形式；教师发展活动逻辑主要是教育、训诫、灌输及评价，发展观察注重量化评价。

最后，在微观层面上，教师来源导致教师能力普遍存在着适配偏差的问题。一方面，应用型高校教师普遍缺乏应用型专业实践能力与本科教育教学能力。另一方面，应用型高校的教师发展活动主要是沿袭传统或模仿借鉴。此外，在转型背景下，应用型高校教师发展实践中比较大的困惑是，在目前教师发展活动以研究型高校为先导，教师发展理念与实践尚未细致到高校类型层面，应如何结合高校类型特征开展有特色的教师发展活动。

第二节　应用型本科高校教师发展趋势

教师是高校存在和发展的基础，是高校主要的学术资源。教师的质量和水平决定了高校各方面的发展程度，也影响着高校通过各种形式和途径获取资源的能力。随着社会发展和外界形势的持续演变，高等学校面临着日益增长的挑战。众多高等学校主动应对社会变迁带来的各种挑战，以及在获取自身发展机会和资源的过程中，普遍地将注意力集中在了教师职业发展上。

新建本科高校具有明显的地方性，在长期的办学过程中逐步形成了"以就业为导向，为生产、建设、服务第一线培养应用型人才"的办学模式，为地方经济建设的发展作出较大的贡献，但由于历史原因，师资队伍始终是这些学校的软肋，成为学校现今发展的瓶颈。在大众化教育背景下，教师如何适应教育理念的更新，教学方法、手段和艺术的改进和创新，提高教育教学质量，满足应用型人才培养的需求，应用型教师的发展成为当前首要任务。

一、本科高校教师的身份重构

第一，致力于为教师伙伴提供服务，并在此过程中推动教师伙伴的专业成长。地方性的本科高等学校在转型和发展的历程中，教师也在持续地吸收新的知识来提升自己的专业技能，从而推动自己的能力持续进步。教师的目标是成为经验丰富、专业的教育者，在培养应用型人才的过程中，能够更好地履行其为学生和社会服务的职责。这不仅取决于教师对自己专业成长的持续追求，还需外部为他们提供一个健康成长的机会。经验表明，教师同伴之间存在着充裕的资源，这些资源是教师个人成长所必需的。通过同伴间的互相帮助，教师能够按照自己的意图，在一个开放环境中提升个人的教学能力，从而推动自身的专业成长。在教师的专业发展过程中，假设他们没有了伙伴的专业支持，那么当他们的教学能力和水平达到某个阶段时，他们可能会进入一个难以超越的"高原状态"。因此，作为教师，应当持有合作、互补、共同进步的态度。在吸收伙伴的教育教学经验时，真心地与他们分享宝贵的经验和思想，从而提高双方的教育教学水平。

教师在引导伙伴成长方面的作用，取决于他们的成熟水平和专业成长的深度。因此，为了更好地促进年轻教师的专业发展，努力提高自己的专业素质是有必要的，这也是每一位教师在专业成长过程中所希望达到的理想状态。在为伙伴提供服务的过程中，教师在学科、课程、人才培训方法以及实际操作等多个领域都能发挥出关键的指导作用。他们可以引导其他教师持续提升自己的教育、教学和科研能力，确保自己真正的成为教师队伍成长的"辐射中心"。引导伙伴专业成长的途径有很多种，如共同授课、有针对性的研讨及沙龙讨论等，这些都是经过实践验证的有效的问题讨论平台。微博也是教师交流教育教学经验、发表教育教学见解的空间，拓展影响力的有效载体。

第二，致力于为学生提供服务，并在此过程中推动学生的和谐成长。应用型人才的核心职责是把科学的理论知识转化成适用于生产、服务和管理的实际技术或解决方法。这些人才拥有坚实的可持续发展理论知识、出色的实际应用技能以及高度的社会责任感等素质。在知识上，需要具备坚实的专业知识、出色的应用知识以及深厚的科学文化知识。在能力上，除了需要具备基本的操作和实践技巧外，还必须拥有出色的创新思维。在素质上，除了需要具备高度的专业素质外，还应具备一定的道德觉悟、心理承受能力以及坚定的意志等非专业素质。在教师的多方面指导下，以及学生积极参加各项学习和实践活动，才实现了应用型人才的培养目标，提升了学生个人的知识、技能和素质水平。作为学生成长和发展过程中的引导者，教师的角色显得尤为重要。当学生真正地体验到教师对他们心灵的奉献和尊重时，他们会产生一种强烈的归属感，并对知识产生强烈的渴求。所以，老师有必要把教育服务视为自己的核心职责，持有强烈的责任心来完成教育和教学任务，纠正服务意识不足的问题，致力于为学生的全面发展提供最优质的教育服务，并在此过程中促进学生的和谐成长，从而增强学生的社会服务能力。

在为学生提供服务的过程中，教师需要根据学生的实际和潜在需要，深入思考怎样协助学生选择合适的专业，并引导他们掌握正确的学习方法；帮助学生建立自信心，并完善他们的人格特质；教导学生掌握培养应用型人才所需的各种技能，并了解培养这些技能的方式等。为了使教师的指导达到更佳的成果，教师的个人素养非常关键。作为教师，应该努力转变传统的职业生涯模式，积极参与企事业单位的工作实践，深入分析企事业单位的运作机制，并在实际操作中体验各个职位的技能需求，从而进一步培养自己的实践操作能力，以实现个人能力和素质的全面和谐发展。唯有如此，教师才可以利用自己的创新思维、思考方式和其他能力来影响和促进学生各种技能的培养和进步。而且鉴于教师工作所具备的示范性质，在培养学生的实际操作能力时，教师更应该身体力行，从理论的高度出发，积极汲取和总结个人发展的宝贵经验，并将这些经验分享给学生，帮助他们在效仿的过程中找到适合自己的发展方向，这是一种高效的方法，也是一种现实的指导。

第三，致力于为社会提供服务，并在此过程中推动地方的经济和社会进步。高等学校是知识和信息的关键聚集场所，有义务给公民传授有价值的知识，给国家培育各种人才，并在经济增长和社会进步方面作出一定的贡献，这是全球高等教育进展的核心原则。地方本科高等学校的独特办学风格和优点体现在其致力于服务地方经济和社会进步上，确立以服务为核心目标的观念，并将其与地方发展紧密结合，以实现地方社会利益为主要职责。高等学校的社会服务职责主要是由高校的教师来承担。高等学校的教师不仅是知识的创造者和传播者，而且在为社会提供服务的过程中，他们可以更加深刻地分析当前经济和社会发展所遇到的新挑战，积累处理问题的技能和经验。这不仅有助于完善课堂的教学内容和培养应用型人才，还能加强地方本科高等学校与地方政府之间的深度合作，提升高等学校在社会上的口碑，从而获得社会的尊敬。为社会提供服务并推动地方的经济和社会进步，既是高等学校教师的职责，同时也满足了社会、学校、教师和学生的成长需求。

在为地方经济和社会发展提供服务的过程中，教师应聚焦于地方经济和社会建设的核心领域，高度重视科研在经济和社会发展中的作用，并在促进社会科技进步以及为地方政府的决策提供服务等方面作出重要的贡献。所以，老师需要针对地方的社会、思维方式等多个方面所面临的具体问题进行深度的探讨和分析。教师可以充分发挥自己的专业特长，主动参加和支持企业的技术创新体系的构建。教师的目标是协助企业培育出既懂技术、又擅长经营和管理的人员，同时也培养出具备专业技术知识和市场拓展能力的售后服务人员，从而为企业不断增强自主创新能力和市场竞争力提供坚实的人才基础。教师也可以参加以实践为基础、以决策为导向的地方软科学研究，为政府的科学决策提供宝贵的理论依据和实践经验，从而推动地方经济和社会的快速发展。教师还可以利用地域文化资源，与地方文化的发展需求紧密结合，来研究地域文化的深层内涵。

二、我国应用型教师的发展趋势

21世纪以来，我国高等教育进入快速发展的时期，一大批高等学校如雨后春笋般茁壮成长，实现了跨越式的发展，在由传统精英教育向现代大众教育转型的过程中，高等教育在办学规模、学校的特色上出现多样化的特征。

众多地方本科高校基于社会发展背景、国家经济发展和学校自身的内在要求，培养应用型人才成为在知识经济社会和高等教育大众化背景下的唯一选择，纷纷将办学定位于"应用型本科教育"。由此，对办学起主导作用的应用型教师的需求应运而生。

（一）走与时俱进之路

经济社会发展，推动高等教育大众化，社会需求的不同指向催生高等教育的多样性。应用型教育之所以能成为高等教育一个新的类型并得到快速发展，关键在于社会需要培养一批有别于以往的人才。

1. 培养应用型人才是适应社会经济发展的客观需要

众所周知，教育是由一定的经济体制所决定的。在计划经济时代，一元的经济体制决定了高等教育的一元性，这个阶段的高等教育从总体上看，其基本定位、规格要求及质量标准都是统一的。从 20 世纪 80 年代中后期以后，随着计划经济向市场经济的转轨，改革开放以及城市化进程的进一步推进，社会除了需要一些从事理论研究的人才外，还需要大量从事现场一线的职业技能型人才。因此，政府在重点发展一流本科高校的同时，开始大力发展高职高专教育，由此形成了"二元重点发展目标"。进入 21 世纪以来，随着我国经济社会的快速发展和工业化进程的不断深入，对高层次人才的需求发生了较大的变化，科学技术的发展及应用，导致对高层次技术人才、管理人才的需求量增加。因此，根据地方和区域经济发展的需要，培养应用型人才是适应社会经济发展的客观需要。

2. 培养应用型人才是"高等教育大众化"的必由之路

随着工业化和社会的发展，高等教育进入了大众化的阶段。经济生活水平的上升、民主政治意识的增强及人们全面发展的需求，成了高等教育大众化的根本原因和不可或缺的条件。大众化教育与精英教育之间不仅具有相关联的地方，而且也有一定的差异。大众化教育并非替代精英教育或扩展精英教育，而是一个在服务对象、数量和范围上都有着显著变革的高等教育新方向。它的突出特点，其一是服务对象的多样性。大众化的高等教育并非为了培养少数的精英人才，它提供的是两方面的服务：一是为了满足经济和社会发展的需求，培养应用型人才；二是为了满足那些有学习意愿和有经济能力的人，为他们创造参与高等教育的平台。其二是数量和范围的增加，大众化的核心意义在于面向人们，构建庞大的高等教育体系，从而吸引更多的人参与高等教育的学习。所以，面向大众的高等教育的核心任务是基于社会和个人的双重需要，培育具有应用能力的人才，从而更好地服务于社会和个人的全面发展。

3. 培养应用型人才是地方新建本科高校的重要使命

新建的本科高等学校在其长期的办学历程中，逐渐确立了"以就业为核心，为生产、管理和服务的前线培训应用型人才"的办学理念，这显著推动了地方的经济建设，并且其独特的办学风格也获得了行业内企业广泛认可。然而，在当今以学历为主导的社会背景下，提升教育质量就变成了他们追求的终极目标。所以，在新设立的本科高等学校升格的那一刻起，它们就面临着怎样在高职高专高校与"老牌本科高校"之间找到生存之道的挑战。从一方面看，当升级为本科学府时，它在"老牌本科高校"中的地位显得相对较弱。从另一个角度看，怎样在高职高专阶段进一步弘扬并优化其办学特色，使其达到本科的标准，是升本之后亟待处理的关键问题。为了实现与"老本科高校"的错位竞争，在加快内涵与外延建设以利于实现由专科教育向本科教育转轨，新建本科高校立足地方，服务地方，培养应用型人才，不仅是学校自身发展的必然选择，更是实现跨越式发展的必由之路。

（二）培养模式升级

在高等教育飞速发展的同时，也面临着许多新的挑战，高等教育人才培养质量与社会需求之间的矛盾成为人们关注的焦点。现实表现为毕业生不适应社会大量需要的基层岗位，而需要精英式人才的高层职位又容纳不了大量的毕业生，就业形势十分严峻。所以，创新人才培养模式，提升内涵建设，深化教学改革成为当前高等教育提高应用型人才培养质量的根本保障。地方新建本科高校是承载大众化背景下应用型人才培养的主体，改革应用型人才培养模式既是地方新建本科高校适应地方经济社会发展的需要，更是有效培养高素质应用型人才的关键所在。审视地方本科高校应用型人才培养的现实问题，需要着力实现 4 个方面的创新与转变。

第一，随着时代的进步和人才培养方式的改变，高等教育的人才培养目标具有其独特的含义和标准。

面向大众的人才培养目标与针对精英教育的人才培养目标存在明显的不同。地方性高等学校在人才培养方面和国家重点发展的综合型研究型人才、应用型学术研究型人才、职业技能型人才的培养目标和标准存在明显的差异。为了科学地设定人才培养的目标，正确地体现各个时代的发展需求和不同类型人才的独特需求是至关重要的。在当前阶段，许多地方性高等学校在培养应用型人才方面，通过持续地探索和研究，已经在满足经济和社会发展需求及促进学生全面成长等方面达成了共同的看法。然而，从客观角度来看，仍然具有一些问题，其中最为紧迫的是需要在两个关键领域进行转型和创新：其一，在人才培养的规格和标准方面，需要从关注同一专业和目标的精英教育思维模式，转向更加注重个体差异模式；其二，在明确培养目标的具体表述上，把目标要求和培养过程的脱节转化成两者之间的有机统一。

第二，课程设计不仅是人才培养目标的具体实现，也是达成人才培养目标的决定性因素。

在大众化背景下，地方性高等学校在制定应用型人才培养课程时，不仅要满足高等教育课程设计的基本要求，确保体系结构的科学性和合理性，还要强调"大众化"和"应用型"的特色和标准，科学地构建课程体系，以确保之后的教育和教学活动能够规范、合理地进行。一些地方高校在增设和发展新专业的过程中，往往缺少深度的调查、剖析和论证，孤立地进行自我规划，模仿其他学校的教学方式，这与他们的专业培养目标和规划存在很大的差距。还有部分学校因受到教师资源和其他多种因素的制约，导致课程模块和选修课的设置显得较为随意。所以，在大众化的大背景下，为了给地方经济和社会发展培育高质量的应用型人才，地方高等学校的课程设计一定要从模仿其他学校的方式转化成紧密围绕自身的应用型人才培养目标，努力构建起一个恰当的课程结构和体系。

第三，教育和教学是培养人才的核心环节，涵盖理论教学和实践教学等多个方面，负责具体实施人才培养的目标。

在当前大众化背景下，对于地方高等学校的应用型人才培养来说，需要在开展教育教学活动上完成三方面的重大转变：首先，有必要将一些学校实行的粗放式大班教学，转向精细式小班教学。这样可以确保任课教师从学生实际情况出发来采用合适的教育教学方式，从而确保具有不同素质特征的学生能够健康成长，成为有才华的人。其次，为了维持教育和教学活动的正常秩序，学校有必要采取有效的策略，建立健全的制度，并努力激发辅导员、班主任、任课教师以及学生的工作和学习热情。由此才能共同创建一个和谐的教育和教学环境，确保教育和教学活动高效进行。最后，教育和教学内容的组织需要根据学生的实际素质进行调整和优化。地方高等学校有必要实施恰当的策略，组织教师进行再教育和教学培训，确保教师能够适应当前大众化的生源环境，改变组织教育和教学内容的传统方法，根据学生的特点来进行有针对性的教学，这有利于提高教育和教学的整体质量，培养出高素质的应用型人才。在选用教育和教学的方式时，要认真研究学生的素质和课程的特性，灵活应变，做出合适的选择。在这个过程中，需要持续地进行反思，并在思想和实际应用等方面实现深刻的变革。要判断这种变革能否起到作用，关键在于它能否达到培训的目的，以及它是否有助于提高人才培训的品质和标准。所以，在教育和教学的组织上，学校需要从统一的组织策略转向更加贴近大众学生的策略，根据每个学生的特点进行针对性的教学，确保不同素质的学生能够健康地成长并最终成为有才华的人。

第四，检测评价指的是学校的教学管理部门和教师使用特定的方式来评估和检查教育教学的情况，然后基于这些评估结果来剖析教育教学活动能否符合预定的目标需求。

在大众化的教育背景下，地方性高等学校在培养应用型人才时，需要根据学生的基本素质和需求来改进其检测评价方法。从实际情况出发，需要重点关注三个层面：首先，在检测评价的思路上，需要把开卷和闭卷考试的评价方法转化成利用分类检测评价，以确保检测评价符合人才培养的目标需求。其次，在检测评价的标准上，需要从与教育教学需求不完全匹配的方式，转向更加符合人才培养目标的方式，并确保检测评价的内容符合教育教学的标准。最后，在检测评价的保证上，需要从制度体系的不完善和制度执行的被动态度转向更加注重制度体系的完善，并努力提高制度执行的积极性。因此，在进行检测评价时，学校需要从简单的思维和操作方法转向更加精密地围绕培养目标、教育教学内容和要求，来提高教学的质量。

第三节　应用型本科高校教师发展问题

一、应用型本科教师发展政策的缺失

政策之于教育改革与发展的意义非比寻常，然而，目前的高等教育政策和公众舆论在某种程度上推动了学术型人才的培养，而与应用型本科教育有关的政策则未能跟上高等教育的发展步伐。政策作为外部制度环境对教师发展的影响深远，教师内在动力机制的发挥需要完善的外部环境作为支持，而"政府颁布的各种教育改革政策对教师发展工作的影响越来越频繁、直接"。

作为教育政策核心构成的教师政策，其执行效力直接关乎整个"教育政策效能"的实现，教师政策属于教育政策和人力资源政策的一个组成部分。对教师来说，教师政策具有深远的影响，一个科学且合理的教师政策有利于强化教师团队的建设。教师政策的核心价值在于推动经济和社会的进步以及教育的发展，更重要的是，其真正的目标是推动教师的全面发展。

20世纪80年代以来，我国高校教师政策的发展经历了逐步完善与日渐合理的过程，但有关教师发展政策存在若干问题。第一，高校教师政策中的工具论主导现象；第二，高校教师政策呈现出"高端化"的特征。部分学者对高校教师发展政策进行反思，并由此认为目前在我国高校教师发展政策繁荣的背景之下，在实践层面上应用型本科教师发展政策出现了"真空"现象，原因在于：

（一）高校教师发展政策的一统性

政策从来都是国家意志的体现。虽然教师政策的价值取向在改革开放以来经历了巨大的转变，也日渐趋向合理，但体现以服从国家发展为要始终是主导思想。以国家发展为基本思想的教师政策的出发点更多是基于管理的角度进行设计，以此为基点打造的政策的一统性，将整个国家的高校教师视为统一的政策实施对象。实际上，鉴于不同类型的高等学校有着各自独特的办学特色和发展目标，因此这些高校的教师在发展过程中应该具备各自的特色，并制定与之对应的教师发展制度。在宏观上，我们应该研究在制度和政策层面如何为高校教师发展提供有利的外部环境。自古代西方学者的出现到德国洪保建立的现代高等教育体系，大学教师这一职业始终保持着其独特性，其性质变得越来越复杂，职责也变得越来越多样。高校教师发展具有自身内在的逻辑与规律，各种类型高校的教师个体发展需求各异。从国家发展需要出发的教师整体发展观及其价值追求存在"脱域"现象，即将教师从他们所处的特定环境中抽取出来，脱离了教师发展的具体环境。整体和统一的政策指导思想满足了国家对高校教师整体发展的需求，而高校教师发展的根本逻辑在于满足教师个体发展中的"人本性"和"学术性"。外部制度环境的一统性缺乏对教师发展个体需求的关照，使得不同教师个体的发展无法得到相应的保障。

（二）高校教师发展政策的"高端化"和"优异化"倾向

目前在我国的高校教师发展政策中，呈现出"高端化"和"优异化"倾向。高水平高校教师无论是在评聘、晋升还是奖励方面都得到更多更全面的支持，相对来说，普通高校的普通教师则被忽视。有学者对我国五届国家级教学成果奖的评审进行分析，指出"高等教育国家级教学成果奖励政策有利于研究型高校，而不利于非研究型高校；对普通教师关注不够"。诸如此类的政策体现在很多方面，出现了崇尚"高端"和奖励"优异"的倾向，仿佛普通高校教师的发展不值一提。在学术系统最顶部的高素质学术人员和处于系统底部的普通教师之间存在一条显著的鸿沟。高校教师的发展是一个综合性、实践性很强的概念，不同层次、水平的教师需要得到不同的发展机会，如此才能整体地提高教师的质量与水平。

应用型本科是我国高校发展的主体部分，承担培养数以千万计专门人才的任务。高等教育大众化，带来高校普通教师的数量激增，他们的素质与水平亟待提高。应用型本科教师的成长被视为高等学校教师发展的核心内容，它应当是我国高等教育教师发展策略的关键实施目标，而对这部分教师的关注度不高体现出政策制定的不足。

（三）高校教师发展政策缺乏与高校的沟通

高校应该在高校教师发展政策的制定与执行中发挥重要的作用。高校与国家宏观教师政策制定部门之间的中间变量比较多，高校难以直接与政府政策制定部门发生相互作用，也不足以影响教师政策的制定，尤其是应用型本科高校。国家教师政策的"高端化"与"优异化"现象让普通高校缺乏相应的与政府政策制定部门沟通渠道，这所带来的直接后果是政策无法反映普通高校、普通教师的价值诉求，导致政策出现"精英化"（政策实施对象的精英化）现象。普通高校应不仅仅是高校教师发展政策的执行者，更要主动反映自身内部教师的各种发展需求，及时沟通、影响政策的制定与实施，争取自身的话语权，改变政策实施过程的"精英化"。

（四）应用型本科教师发展理论研究的不足

应用型本科教师发展理论研究的不足体现在两方面：一方面，从客观上来说，应用型本科教育提出的时间不长，对它的研究更多是从经验层面上进行，显得过于表面化，难以产生深入的影响和效果；另一方面，从主观上来说，研究者对教师发展的理论研究大多集中于研究型高校，因而基于我国高校教师发展现状的理论研究可为政策制定提供理论依据。目前，对应用型本科高校教师的关注不足，这本身造成了政策缺乏相应的理论对照，缺乏合理的制定依据。应用型本科教师研究是组成我国高校教师发展理论与实践研究的重要一环，它也是特定社会背景的真实写照，是教师发展政策的制定依托。

二、教师来源相对单一

随着对本科高校设置的相关规定出台，以及近年研究生招生规模的不断扩大，高校教师的学历层次提升迅速，应用型本科高校教师中具有研究生学历的比例逐年攀升。应用型本科高校在引进新教师时的基本学历要求都在具有硕士学位之上，大量高层次人才被充实到应用型本科高校，对学校师资队伍以及学校的发展无疑都起到保障作用。但从应用型本科高校人才培养的视角来观察，应用型本科教师专业素质的独特性在单一化的教师来源取向上无法得到体现。因为，教师学历层次的提升，并非昭示着应用型本科教师专业素质的提高。应用型本科教师专业素质的要求"强调教师的应用能力"等，但与此相适的教师在直接进入高校的毕业研究生中很难找到。当前，应用型本科高校教师以刚毕业的研究生为主的现状体现出教师来源取向上的单一化。

（一）专业学位研究生培养制度不完善、不成熟

在应用型本科高等学校中，特别是在众多新建的本科学校里，拥有研究生学历的年轻教师比例相当高，但他们在应用教学方面的经验非常有限，缺乏实际操作的经验。在当前我国的学制中，培养专业学位研究生的制度尚不健全。研究生学历从层次上来看，主要分为两个层次：硕士学位研究生与博

士学位研究生；从类型上来看，分为专业型和学术型，专业型研究生通常比较注重应用能力的培养，学术型研究生则是以学术研究能力的培养为主。从现实情况来看，目前所培养的研究生大量是以学术型为主，专业硕士和专业博士在量上非常少。这主要是因为，研究生（硕士和博士）的培养单位以研究型高校为主（具有研究生培养资格的高校）。此外，专业硕士和专业博士学位的学科设置非常少，只有少量学科存在专业学位研究生的培养。即便是专业学位研究生的培养也存在诸多问题，因为实践者对专业学位研究生的理解远远没有到位，存在着严重的认识偏差，导致了专业学位研究生教育发展的定位模糊。

很多专业学位研究生的培养实践性与职业性不强，只是对学术性学位研究生教育的简单模仿。从学历和应用能力两方面来考量的应用型本科高校教师的素质要求，则需大量来自于专业学位的研究生，由此便出现了应然与实然的相悖之处。目前，应用型本科高校中具有研究生学历的大多数教师都是学术型硕士和博士，专业学位研究生培养制度不健全意味着应用型本科教师的职前培养与现实要求缺乏适切性，这种"先天不足"造成应用型本科教师发展的一体化无法得到保障，只能更多地依靠后天（职后）的培养，无形中增加了在职培养的难度。

（二）业界人才难以任职高校

当高等学校和企业建立沟通和合作关系时，一方面，期望教师可以获得参加实践训练的机会；另一方面，希望可以吸引行业内的优秀人才进入高校，以便将实践经验和高见教给学生，从而实现学校和企业之间的共同发展。但是，政府在制度上并未提供足够的支撑，目前还不能实现两方面的制度自由转换。在高等学校与行业之间，大部分的人员流动是单向的。如果没有相应制度保障，行业内的人才就很难进入高等学校工作，这阻碍了行业精英的流动。因此，大部分行业专家会通过兼职或者别的方式进入高等学校里。这种情况对于高等学校在发展应用型极强的专业是极其不利的，因为缺乏实践领域专业人才在教学中的引导作用。

（三）教师转型存在难度

高等学校应以教师为基石，因此，高校的组织变革需要以教师的职业发展和转型为出发点。对于应用型本科高等学校来说，其定位和发展需要依赖于教师的专业转型和个人成长。应用型本科教师的任务是开展应用型的教学和提升自身科研能力，但在实际操作中，无论是新入职的教师还是现有的教师，在一过程中都面临着诸多挑战。

1. 观念意识

观念是行动的先导，它引导着人们前进的方向。应用型本科的发展观念既是高等学校口头上的标语，也代表着一种具体的战略和思维方式。但是，这种观念的转变不是一夜之间就能完成的，无论是新入职的教师还是资深的教师都面临着转变的挑战。大多数来自于研究型高校的硕士和博士带着研究型思维惯性进入应用型本科高校（以新建本科高校为主），面对提高应用能力的教师素质要求，一时很难主动接受"应用型"观念的转变，对所在学校的认可度不高；而老教师所面临的则是需要在旧式的框架中实现新型模式的使命，承担用新型的教育模式培养高质量的应用型人才的重任。由于应用型本科人才培养在各高校仍然处于探索和研究阶段，对于什么是应用型本科人才，应用型本科人才如何培养等问题还没有定论，这就进一步增加了教师对这一特殊类型人才培养的质疑与抵制。教师首先需要实现观念意识上的变革，并逐步内化，这是实践中实现转型的第一步。

2. 缺乏转型发展的氛围

应用型本科教育的提出时间相对较短，其中一些高等学校是从自身的发展历史和办学特色出发，来实现转型发展。然而，也有一些学校是跟风，仅从形式上进行定位，没有进行真正的转型，这表明转型的氛围还没有完全形成。每一个应用型人才都应当经历一个与应用型本科教育的科学方向相匹配的教育观念的转变，并在此过程中不断提升自己的综合素质和能力。对教师而言，学校在特定的制度框架内所采取的行动体现出应用型思维的实践，这有利于促进教师的转型。

3. 新兴专业的教师培养存在问题

应用型本科高等学校应根据地方经济和社会发展的实际需求来设立新兴应用型专业，这样不仅能推动高校自身的持续发展，还能推动当地经济的发展壮大。但在新专业建设过程中，师资队伍的建设常常脱离实际，无法满足市场对专业提出的要求，体现出新兴专业的教师培养存在大量问题。学校往往会片面迎合市场短时需求，缺乏长远规划，造成教师培养的难题，不论是新进教师还是老教师在实现转型时都难以应对需求。

德国应用科技高校对教师的要求是在职前资格不仅必须具有博士学位，而且必须具有相关领域 5 年的实践工作经历，在高校之外至少有 3 年的工作经验。目前，我国应用型本科高校在教师的准入资格方面更多的是强调学历层次，虽已开始对教师职前工作经历提出要求，但并不严格。因此，导致教师培养与发展的难度加大。

三、高校层面支持力度不足

从现实层面来看，充分发挥高校本身所具有的资源作用，促进教师的全面发展，应成为高校组织的重要职责，并且能够取得与高校组织目标有机结合得更好的效果。高校的支持程度将充分决定教师发展效果的优劣，而目前我国应用型本科高校在院系层面上对促进教师发展普遍支持力度不足，从以下几方面可以窥见。

（一）对政策形成依赖

政策对应用型本科教师发展所产生的作用毋庸置疑，教师发展需要政策的支持形成外部动力，但实践中如果过度依赖于政策，则会形成依附发展现象。应用型本科是在经济社会发展到一定程度下出现的高校类型，在很多方面，政策目前还无法关照到具体的操作层面，但实践中高校又必须切实面对这些发展过程中所出现的问题。因此，高校不能只以等待的姿态期待政策的出台方行动，而必须用动态变革的思维指导实践，实践的逻辑应是面向市场的现实需要。现实中，有相当多的高校在谈到自身师资队伍建设（教师发展）问题时都指出，国家并没有出台相关的专门针对应用型本科高校类型的教师政策，导致学校在教师发展问题上态度消极，过分强调客观原因。高校在这样的思维定式下产生了惰性观念，即认为问题太难解决，没有足够的能力去驾驭，消退了解决问题的欲望。在惰性观念指导下，高校产生了惰性行为，并不积极主动寻求有效促进教师发展的途径与方式，任由教师发展成为个体化行为，造成高校在教师发展当中的"不作为"现象，这自然也是高校在教师发展过程中的缺位表现，导致的结果是无法将学校发展目标与教师个体的发展需求统合起来。殊不知，宏观政策常常更多的是从管理与规范的角度来考虑问题，它通过外在制度的规约确保管理的有效性和统一性，缺乏对具体高校实践的考察。

美国高校教师发展的经验告诉我们：美国没有全国性的高校教师发展法规制度，而是高校根据自身文化传统、师生规模等条件，因地制宜地开展教师发展活动和项目。在执行项目的过程中，学校致力于将教师的成长需求与高等学校的工作焦点紧密结合，以实现组织进步和个人成长的有机融合。应用型本科高等学校在其成长过程中常常表现得相对弱势，过度依赖国家政策，这不利于其主动性和积极性的充分体现。高校从主观上没有承担起支持教师发展的职责，这不利于教师个体发展积极性与主动性的发挥。

（二）校长的教师理念尚未分化

高校校长的教师理念，即高校校长对教师的基本看法和认识。高校校长对教师所持有的理念影响具体的治校实践，这是关系到高校教育质量和成败的关键因素。随着对高等教育质量的关注度日益提升，越来越多的应用型本科高校的校长认识到应用型教师对于学校发展的意义。基于对高等教育质量保障的要求，这些高校校长大都持有"灵魂论"的理念，即教师是学校发展的灵魂，教师的质量与水平高低影响到应用型本科教育质量的优劣。在"灵魂论"理念的指导下，高校校长理应在对教师素质的要求上更加强化独特性，并且重视教师发展方面的工作。但事实上，多数应用型本科高校的校长在选聘教师时盲目效仿研究型高校，脱离实际，片面追求教师的高学历学位，忽视应用型本科高校发展的特点及对教师素质的特殊要求；在对待教师职后的发展问题上，缺乏为教师创造适合发展的组织环境。在高校教师个性一定的条件下，他们的行为及其能力取决于高校为他们创造的组织环境，而适合应用型本科教师发展的环境和氛围的形成则离不开校长贯彻教师理念的重要作用。

由此可见，当前应用型本科高校校长的教师理念尚未从传统的学术型高校校长的教师理念中分化出来，形成具有个性化的教师理念，这影响了应用型本科高校教师发展的诸多方面。同理，也影响了校长在治教方面所开展的行动。

（三）高校研究开展不足

高校研究是由专门的研究人员运用某些特定的方法对高等学校进行的科学化研究，是为学校的管理决策服务的一种专门的咨询研究。尽管各学者对高校研究的概念界定因角度不同而有所区别，但高校研究是一种基于本校的、直接为改进本校管理与决策服务的应用型研究，高校研究的具体问题当中一项重要的内容就是有关教师事务的研究，即意味着，高校研究以其科学性和定量化的研究为教师发展提供支持和服务。教师发展作为应用型本科高校转型与发展的重要途径，以及应用型人才培养质量保证的重要因素，必须通过高校层面开展积极的研究，作出教师在质与量方面精确的分析，为科学、合理的决策服务。

目前，我国的高校研究现状是，两者的发展都不能令人满意。一是，高等学校的研究迫切需要其所属学校的强有力支持，如研究资金和研究数据库的构建等；二是，高等学校的科学进步需要其所属学校的研究能够提供有力的理论依据，为决策过程提供稳固的理论基础。同样，应用型本科在开展高校研究方面明显不足，表现在两方面：一是对高校研究的实践功能的关注与研究不够，高校忽视对自身实践问题的关注，而倾向于介绍国外高校研究的经验；二是所设高校研究机构的功能异化，并没有发挥出为高校管理决策服务的功能。应用型本科高校研究开展的不足造成对本校教师关注度不够，无法为促进学校目标实现的教师发展献计献策。

（四）可获得的资源因素不足

院系是教师发展的主要支持力量，它可以为教师发展提供大量资源。教师发展活动开展所需要的资源因素包括资金投入、时间保障、服务支持等，其中又以资金投入和时间保障最为重要。当前，应用型本科高校在学校和院系层面上，不管是从资金投入还是时间保障的角度来看，都面临着促进教师发展的挑战。

首先，由于多数新建本科高校处在地级市，投资主体多为地级市政府，资金投入取决于地方政府的财政状况。然而，因为超过一半的新建本科学校处于非中心城市或距离省会城市较远，经济水平相对滞后，所以政府对该类学校的投入通常比较少。学校自身发展资金不足造成难以保证对教师发展的充分投入。此外，大量新建本科高校由于连续的扩招而忙于学校硬件的建设，无暇顾及软环境的投入，造成师资队伍建设的投入经费数量增长但比例减少的现象。

其次，教师发展的时间难以得到保障。院系在教师承担教学科研任务与专业发展两者取向上明显倾向于前者，缺乏长远规划的意识，作为教师发展重要因素的时间无法获得保障，致使教师发展的后劲不足，这影响深远。

（五）教学团队建设乏力

对应用型本科高校的发展来说，以教学为主体是其核心，因此，组建应用型教学团队非常重要。当前，很多应用型本科高校重点突出引进和培养学科带头人和学术带头人，将大量精力投入到这方面并广为宣传，这无可厚非，但仅仅注重学科带头人和学术带头人的引进和培养是不够的，因为缺乏团队的带头人无法有效发挥自身具有的能量。院系在打造应用型特色的教学团队方面力度不够：首先，形成教学团队的意识不强；其次，缺乏对应用型本科教师发展重要性认识。

国家级教学团队是通过建立团队合作的机制，改革教学内容和方法，推进教学工作的传、帮、带和老中青相结合，提高教师的教学水平来建设的，这是目前层次最高的促进高校教师教学水平提高的途径，它以教师整体发展的方式促进高校教学水平的提升。国家级教学团队的创设和评审可以在促进高校重视教学以及高校教学队伍建设方面提供示范性经验，从评审的结果可以获知目前不同类型高校在高层次教学团队建设方面的努力与进展。

对应用型高校来说，必须倾力投入，注重教师人才梯队的建设，打造各层级特色型教学团队，充分形成教师重视教学、发展特色教学的氛围，不断促进教师以教学为主的发展，形成专业发展共同体。

（六）与地方合作的平台构建不到位

地区性高校与所在地区形成一种有意义的"相互作用关系"，高校的这种战略被称作为"相互作用战略"，这种战略主张是以社会一方为中心的"他方中心论"。应用型本科高校服务面向定位应为立足地方，服务地方经济社会的发展，解决当地面临的具体问题。因此，为促进教师应用教学与科研能力的提高，高校应该在构建与地方合作平台方面发挥重要的作用，将高校与地区紧密结合，使之相互作用，而且"以他方为中心"为教师搭建平台，创建实践锻炼的基地。

目前，很多应用型本科高校已经意识到与地方合作平台构建的重要性，但由于在与企业合作的过程当中，企业的价值取向与高校有着本质的区别。因此，实践中存在很大的难度。双方的沟通与交流很多时候仅是形式化，并未产生实质性效果。教师在企业进行的挂职锻炼常常由于时间较短、企业缺乏信任而导致教师实践应用能力的提高受阻，教师的实践教学能力也难以得到发展。在一所应用型本科高校，接受访谈的老师说："我去企业挂职锻炼的时间较短、只有半年，企业基本不安排实际事务。但挂职确实有助于教学，如果时间再长一些，可能效果更明显。"与地方合作平台构建不到位使应用型本科教育的重要途径——产学研合作受到影响。

四、教师专业发展组织缺失

教师的发展需要以一定的组织为依托，应建立专门的高校教师发展中心，可以看作是高校对教育质量承诺的象征。国外高等教育发展的经验告诉我们，相应的高校教师发展组织如"教学卓越中心""教师发展中心"等机构的建立，可以有效促进教师的发展并提高人才培养的质量。我国当前的高校教师发展机构以面向全体的高校教师培训中心和师范与非师范高校为主，缺乏立足以校为本的教师发展组织的构建，这在很大程度上影响了教师对理论知识的实践深化和对实践知识的理论提升。应用型本科教师发展组织的缺失是基于三个层次来看的：其一，国家层面的教师培训体系需要转变理念；其二，基于不同类型层次高校的教师发展组织机构缺失；其三，高校的本校教师发展机构的设立普遍缺乏。对于应用型本科高校来说，当前最大的问题是本校教师发展机构的设立普遍缺乏。

20 世纪 70 年代中后期，美国许多高等高校为了解决高等教育质量下降的问题，争相设立高校教师发展机构，通过提高教师在教学方面的水平以应对社会各方对高等教育质量下降的问责。而这些高校教师发展机构显然在美国高等教育发展过程中起到重要的质量保障作用，如今在美国几乎每所高校都成立适应本校发展需要的教师发展机构。高校教师发展机构所具有的功能是其他机构无法取代的，其作用为：第一，切实提升教师活力，促进教师的成长与发展；第二，适应本校实际需要开展高校教师发展活动；第三，为高校教师发展提供组织保障；第四，促进校校之间教师发展活动的交流与合作。

我国普遍缺乏以校为本的高校教师发展机构，高校有关教师发展的事务交由人事部门去处理，人事部门更多的是从管理的角度来进行。虽然可能突出了以组织需要为主的培训或发展理念，但忽视了教师自身成长和发展的需要，忽略了教师的成长是高校发展和高等教育质量保障的重要因素。行政管理的高效率要求与教师发展的长效性在现实中是相悖的，人事管理缺乏服务意识，不了解也不重视教师的需求，很多的培训活动达不到预期效果，因此也无法实现经由教师发展所能达成的目标。

美国的很多教师发展机构隶属于学校行政管理职能部门，处于高校管理的中心位置，通常由教务长和分管学术事务的副校长直接领导，因此它们具有明显的优点：影响范围可以覆盖全校；直接服务于全校的需要；经费有充分的保障，也足以看出学校对教师发展的重视程度。我国高校教师发展活动常常是在行政管理部门的指令下开展的，以满足国家对高校教师的统一要求。缺乏专门的发展机构导致高校处于被动，教师发展缺乏对高校自身发展需要的思考。应用型本科高校作为新的高校类型，在其发展过程中并无成熟的理论与实践作为指导。彰显"应用型"的教学特色是教师教学发展的重要目标与内容，这不仅是教师而且是学校应该充分重视的核心问题，因此立足本校建立有效促进教师应用型教学与科研的教师发展机构有助于教师发展意愿的激发与转型，有助于高校凝聚力量将教学（人才培养）作为首务。

因缺乏专门的高校教师发展机构导致教师之间沟通交流的平台难以建立，教师发展得不到组织的保障，使教师合作缺乏土壤。教师合作被作为连接教师与学校教育的桥梁而受到高度重视，教师合作对于教师发展具有重要的意义。应用型本科高校的发展首先需要教师的转型与发展，需要通过教师的合作来促进学校新型组织文化的形成、传授与变革。因此，需要通过构建平台一方面促进校内教师的合作与交流，另一方面使校校之间合作与交流成为可能。

五、教师评价体系导向错位

评价是对价值或意义的系统的调查研究，根据评价的目的一般可以将评价分为三大类：规划性评价、形成性评价和总结性评价。对于教师的发展来说，教师评价是非常关键的。高等学校中的教师评价主要目的是推动教师的进步，借助一系列评价活动，实现教师在教学和专业成长等方面的提高。然而，不同的评价所产生的结果及其派生的功能都迥然相异。

教师评价是高校实施的一种重要管理活动，但它并不简单等同于管理。仅仅基于管理的逻辑思考，将教师评价看作是一个价值判断的过程，则体现的是主客体的对应关系，并且是总结性的，而非评价者与被评价者共同建构的过程，难以达到教师评价的内在目的。"鉴定与分等"的评价取向使得教师被作为管理的客体与对象，遮蔽与消解了评价的最本质功能。应用型本科教师评价在实践过程中充斥着一些简单化思维及其带来的负面效应。

应用型本科高校在教师评价实践中普遍存在以下问题：当前的教师考核定位与应用型本科高校的办学理念和管理目标不匹配；考核指标体系很大程度上仍然沿用研究型高校的指标体系，缺乏针对应用型本科高校特征的生产实践和社会服务等考核指标体系；考核方法技术停留在定性方面，未能采用统计分析，借助量化的手段提高考核的效率和效果；当前的考核周期与应用型本科高校教师队伍培养的特性存在不匹配的情况。应用型本科教师评价本身所具有的复杂性使得操作过程产生了很多缺陷，影响了教师发展目标的实现。

（一）应用型本科教师评价复杂性分析

教师评价作为高校人力资源开发与管理的基础，可以较好地配置高校人力资源，促进教师水平和高等教育质量的提升。应用型本科教师评价自身所具有的复杂性在现实中影响着具体的操作，对它的研究必须基于其复杂性的特点来进行，有效的分析有助于评价的实践探索。

1. 应用型本科教师评价环境的复杂性

开放的复杂系统理论将社会组织视为置身于"环境"这一更大系统内的一类系统。组织与环境是相互作用的关系，任何组织的活动都不能脱离环境的作用，组织的内外部环境对组织内部的活动产生重要的影响。高校作为特殊的社会组织，从外部环境到内部环境都对其发展产生重要的影响，它们相互联系、相互作用。教师作为组织内部的成员，其发展必然受到组织环境的影响。

外部环境的影响。高校组织的发展脱离不了特定的历史发展阶段，外部社会的政治经济发展对高校组织内部的成员同样产生作用。外部社会的变革对应用型本科高校的发展目标不断地产生影响，应用型本科高校必须主动适应经济社会的发展目标，及时调整自身发展目标，尤其是对地方经济的发展要有敏锐的、前瞻性的观察力。此外，高等教育改革与发展的现实对应用型本科高校不断产生新的要求，这同样影响教师评价活动。

内部环境的影响。外部环境对教师评价产生间接的影响，应用型本科高校的内部环境对教师评价产生直接的制约作用。高校组织的独特性决定了教师评价的特异性，应用型本科作为不同于以往学术型本科的高校类型，内在地决定了它具有特殊的文化氛围和更为复杂的制度环境。它对教师的价值取向、目标愿景、内在素质等都产生了不同的影响作用，有别于学术型本科和职业技术型高校，而这些都对教师评价产生了深层次的影响。

2. 应用型本科教师评价的复杂性

（1）评价对象具有复杂性

从应用型本科教育来看，其教师的内在素质要求区别于学术型本科高校的教师，评价对象要基于特殊的组织环境来考察。除了从整体来看的素质要求之外，高校教师个体也具有独特性，不同的需求形成了教师不同的个性，不同的学科专业也形成了巨大的差异性，因此，评价的对象具有复杂性特点。

（2）评价目的具有多重性

高校教师的评价具有多重目的。首先，就评价的一般意义来说，它是一种管理手段，具有激励与引导教师行为的功能；其次，教师评价的结果是教师评聘的重要依据；最后，教师评价对于教师发展有重要意义，这也是评价最深层的目的所在。

（3）评价内容的特色性

从高校所承担的社会职能来看，高校教师评价理应包括教学、科研、为社会服务。应用型本科教师评价在内容上要突出其与地方经济社会的"相互作用"，因此，无论在教学、科研还是在为社会服务方面均需体现出"应用"特色。评价教学要突出实践教学以培养学生的应用能力；科研评价要体现应用型研究的开展能力；为社会服务的评价则需彰显教师应用知识解决现实问题的能力。三方面的内容构成应用型本科教师评价的综合性框架。

（二）应用型本科教师评价的缺陷

由于评价内外部环境的影响，应用型本科教师评价在评价对象、评价目的和评价内容上均具有自身的复杂性特征。当前应用型本科教师评价的状况存在着诸多缺陷。

1. 评价目的的简单化

关于教师评价的目的，理论界盛行这样一种观点："奖惩性教师评价制度和发展性教师评价制度是两种目的截然不同的教师评价制度，两者不能合二为一地加以运用。"现实中，大多数高校在实施教师评价活动时持有这种观点，应用型本科高校也不例外。

奖惩性教师评价着眼于教师绩效责任的落实，它通过外在评价制度的设立与执行试图达到加强绩效管理、提高办学质量的目的。发展教师评价是以通过评价活动的实施促进教师发展为目的，实现教师与学校、个人与组织的共同发展。将绩效责任与专业发展作为对立的评价目的进行设置，在现实中标志着评价的两极方向，这种非此即彼的定位最终将评价目的简单化。

现行的应用型本科高校教师评价很难与办学定位、发展目标相结合，片面追求通过教师评价达到加强绩效管理的目的。很多应用型本科高校为了促进学校发展目标的实现，单纯将之作为追求有效管理的手段，忽视它在教师发展方面所具有的功能。奖惩与发展并非对立而不可融合的，它是教师评价的两面，有效融合才能更好地实现评价目标。

2. 评价主体多元化中的失调

随着高校教师评价的深入开展，评价主体的多元化趋势已经成为主流。为了回应来自利益相关各方的问责，学生、同事、管理者、教师个体（评价对象自身）等方面综合形成评价主体，这克服了单元评价主体的局限。然而，要兼顾尊重教师的需要与选择，体现"以促进教师发展为本"的评价理念，在多元化评价主体参与的情境下，协调多元评价主体之间的关系显得困难重重。应用型本科高校为了使与社会的联系更加密切，尤为关注来自学生的评价，这让学生评教成为重要的一环。学生评教在现实操作中时常让教师难以适从；管理者评价的出发点融入了工业主义的"质量"观，缺乏人文关怀，常常将量化标准的思想、理论付诸教师评价的实践。在这多元主体参与的评价过程中，应用型本科高校常常顾此失彼，难以调和各方来合理评价教师。

3. 评价内容脱离应用型

应用型本科教师评价具有自身复杂性，体现在评价内容上就是如何在教学评价、科研评价和服务评价中彰显自身"应用型"。应用型本科教师评价的现状是：强调科研评价的导向遮蔽了"应用"特色，将教师引向研究型，包括评价定位模糊，甚至自相矛盾。很多地方本科高校的发展定位于应用型，但教师评价却依然侧重于对基础研究能力的考核，与发展定位相悖；评价指标体系沿用研究型高校，未显示出差异；教师参与实践挂职锻炼的经历难以与评价结合，未能较好地促进教师发展。比如说，在有的本科高校的教师评价中，为社会服务的评价被异化甚至缺失等等。教师评价内容与其他类型高校没有实质上的区别，更无法谈及实现应用型本科教师发展的目标。

4. 缺乏分类评价标准

教师评价标准不仅是学校对教师的期待，更是教师工作所要遵循的原则，应用型本科教师评价的复杂性要求评价标准的设立要基于复杂性的基础来考虑：首先，要基于应用型本科高校的发展环境。其次，由于高校是不同学科专业教师的集团组织，因此标准需多元化，即依据不同类型教师设定分类标准。再次，统一的评价标准设计的出发点是什么？是为了达标，还是为了更好地促进教师发展？科学的评价标准应该能够体现教师行为的区分度，促进教师在评价标准上引导自己主动反思，以取得更好的发展。目前，尚未构建一个适用于应用型本科高等学校的评价指标体系，也难以对应用型本科教师进行多维度的评估。评价侧重关注的是两极教师，即优秀教师和不合格教师，这两者在数量上都是极少数的，却忽视了大多数教师的发展。教学、科研与为社会服务的评价标准大都采用"拿来主义"，没有体现应用型，造成分类的标准缺失。

5. 评价结果的运用不当

不同评价结果用于不同的目的，管理者对评价结果的关注远胜于对教师个体的尊重。对多元评价的结果缺乏理性分析与思考，造成评价导向不明。评价结果应该是对评价目的的印证，然而，现实评价结果常常背离初衷，运用不当，无法实现最本质的目标。

第四章 围绕专业能力推动应用型本科高校教师发展

本章内容为围绕专业能力促进应用型本科高校教师发展，依次介绍了应用型本科高校教师专业能力构成分析、应用型本科高校教师专业能力提升的经验借鉴、应用型本科高校教师专业能力提升的逻辑三个方面的内容。

第一节 应用型本科高校教师专业能力构成分析

应用型本科高校教师的专业能力结构是高校为满足应用型本科高校培养目标而对其提出的能力要求。因此，应用型本科高校的教师应具备从事应用相关的教学能力、工程实践能力、国际交流能力、科研创新能力等。在此，下面将就应用型本科高校教师的教学能力展开详细分析。

一、应用型本科高校教师的专业教学能力

（一）教学能力的内涵

学术界对"教学"这一概念的解释是非常复杂的。在社会不断进步、高新技术不断发展的当下，高校的教学环境也变得更为复杂，教学过程中使用

的教学空间、教学过程和教学手段也在信息技术的支持和影响下日新月异，在客观条件不断变化的过程中，教学能力的内涵也得到极大丰富。可以这样说，对"教学能力"这一概念的理解，实际上是取决于对"教学"这一基础概念的看法。

"教学能力"是指教师在教学实践中，对教学任务的完成起作用的各类知识和方法，是教师专业素质的直接体现。教学能力主要包括两个主要方面，分别是一般能力和特殊能力。一般能力就是教师在教学的过程中展现出来的对课堂教学的认识，认识的内容主要包括对学生学习情况的认识，对学生个体个性的观察，对学生个人思维发展状态的预测和认识等方面，特殊能力是指教师在具体化的实践活动中所表现出来的综合能力，主要包括有对教材的灵活使用、对教学方式的掌握、对教学设备的了解程度。

1. 基于教学活动视角认识教学能力

教师教学能力主要包含"专业素养"与"专业能力"。教师的教学能力首先是在教学活动中所展现出来的能力，因此，从教学活动的视角去理解教师教学能力符合对概念理解的"底层逻辑"。依据教学活动对教师能力的要求来看，教师教学能力主要体现在教学活动中教师自身具备的专业素养与灵活的专业调控能力。"专业素养"是教师作为一种职业所需要的基本能力或素质，无论是小学教师还是中学教师或是高校教师，他们都应该有共同的职业素质，即职业能力的"共性特征"；而"专业能力"就是教师在教学过程中所表现出来的专业化的"场景调控能力"，即教师可以根据教学任务或教学内容和自己的教学理念进行结合后，对所教学课程与知识形成个性化的理解，并对整个教学过程、环境进行自如的调控能力。这就是教师教学能力区别于其他能力的关键。

"专业能力"或"特殊能力"是与教师"通用性"教学能力比较而言的，是具有明显的学科特性的教学。因为高校所传授的知识具有"聚类性"，因而高校的教学内容具有很强的"学科特性"，进而教师的教学能力也与其所任教的科目紧密相关。应用型高校中的教师往往任教多个专业与多门课程，所以，教师要从教学层面全方位、全过程地展现自己的"专业能力"是非常不容易的事情。正因如此，美国高校在青年教师群体中倡导要发展五种教学能力："整合的能力""实施的能力""研究的能力""创新的能力"与"理解的能力"。这些能力对于应用型高校的教师来说尤为重要，可以说掌握这些就能顺利完成教学任务和达到有效教学的整体性能力。当然，这些能力并非凭空获得或"半路移植"，而是在教师职业道德、专业知识与教育教学知识等基本专业素养的基础之上，经过长期的实践逐步发展起来。

2. 基于教师发展视角认识教学能力

从当前教师发展的趋势来看，教师的教学能力逐渐被看作是一种专业化的能力。而对于应用型高校中的教师来说，实际上这一趋势是最符合"专业技术人员"的发展需求的。所以，在分析应用型高校教师教学能力的内涵和定义时，应该从教师专业发展的角度出发，符合我国教师在专业化方面的体系要求。因为这一体系的背后反映了我国目前对于教师能力标准的要求，体系化的特征是较为突出的。

2012年，我国为基础教育和中职教育领域的教师设定了发展的专业标准内容，在这一专业标准的体系之中，不仅包括了"师德为先，学生为本，能力为重，终身学习"的教师职业理念内容，还包括对不同层级和水平教师专业能力的详细指标。但是，因为高校教师专业教学的内容是丰富和多样的，我国高校教师的专业标准目前还不够明确。但是，我们在对高校教师的专业标准进行考量的时候，可以将《英国高等教育教学与支持学习专业标准框架》的内容作为参考，因为这一标准框架是世界首个高校教师的专业标准体系，此标准框架的设立目标是提升学生的学习水平和学习的质量，并对教师的团队合作能力、专业互助能力、战略领导能力提出较高的要求。在以英国的高校教师专业标准作为研究参考的过程中，可以发现教师的专业素质和教学能力已经超越了一般的课程活动范围，是对专业人员的综合化要求，这反映了教师专业发展的目的是提高学生的学习成效。

因为高校教师的主要工作内容是教学，所以教师的教学能力突出体现在对知识的传播层面。我们在对教师的职称进行评级时，两个重要的参考标准就是教师的教学经历和教学成果。所以，我们在分析教师的教学能力时，应该重点从教学能力的结构出发，并总结出教学学术对教学过程中各种因素的综合性影响，教学学术是教师努力提升自身教学质量的重要前提，所以在发展教师教学能力时，应该重点提升教师的教学学术能力。

3. 基于环境应对视角认识教学能力

发展教师的教学能力，是为了在教学环境中综合运用教学手段，从而影响教学的最终效果。我们所说的教学环境不仅包括教学的物理环境还包括各种类型的文化环境，以及教学的技术手段等方式。物理环境是较容易受到教学主体影响的，所以对教学的综合影响并不大，文化环境是一个状态较为稳定的环境因素。但是在信息技术等教学手段不断发展的今天，教学手段和教学方式更新换代的速度是非常快的，尤其是在当今数字化社会中，现代信息技术影响着教学环境、教学手段和教学方式。

在当今社会，教师利用信息技术在课程中教学的能力已成为教师教学能力的一个重要组成部分，这种能力已经突破了对技术工具的运用范围，而是开始面向技术的学习环境，为学生们提供更为高效的学习环境。在教师的教学能力组成中，信息技术与课堂教学的结合发挥着越来越重要的作用。另外，信息技术也对教师教学方式的运用起到了较大的影响，从而促进了课程学习方式和组织方式的重大变化，促进教学理念的变化。在信息技术的影响下，在线教育已经成为重要的教育模式之一，学生们在课堂中的地位也发生了较大变化，从过去被动接受知识的被动地位转化为主动吸取知识的积极主体。教师也能够利用信息技术，对学生的学习习惯进行分析，并使用针对性较强的教学策略，达到"因材施教"的效果。当然，信息技术的快速发展也会为教师教学能力的发展带来一定挑战，也会为教师教学能力的提升带来新的机会。在信息技术快速发展的社会环境中，教师也不得不主动了解信息技术，从而为学生带来更富有个性化的指导服务，这样的做法能够凸显教师的主体地位，从而在客观条件上推动教学的实践和创新，也在一定程度上发展了教师的教学创新能力和指导学习能力。

（二）普适性能力与应用型特质能力

结合应用型本科高校战略发展定位与人才培养特点，应用型本科高校教师教学能力可以划分为普适能力和应用型特质能力。普适能力是指作为高校教师需要具备的基本能力；应用型特质能力是指作为应用型本科高校教师，为满足应用型本科高校发展要求、完成既定人才培养目标而具备的相关应用能力。

1. 应用型本科高校教师的普适能力

教师教学的普适能力是指作为高校教师需要具备的基本能力。高校教师是教学的主体，其教学能力体现高校的核心竞争力，同时又是高等教育质量的重要保障。为满足学生多元化的发展需求，教师充当着课堂教学的设计者、组织者和参与者、学生学习的引导者、促进者和合作者等角色。综合学界对高校教师教学能力的阐释与分析，普适能力包括基础知识、教学技能、教学支持三个方面，细化为学科专业知识、学科教学知识、人文社科知识、教学内容设计、教学方法选取、教学组织与实施、教师信息化素养、教学研究、教学评价、教学反思等 10 个维度的能力。

2. 应用型本科高校教师的应用型特质能力

教师教学的应用型特质能力是指为满足行业和地方区域经济发展需求，培养与之相适应的应用型高层次人才，应用型本科高校教师必须具备的、区别于其他高校教师的教学能力（见表 4-1-1）。特质能力需在普适能力基础上，结合社会需求、学校办学定位、人才培养模式及规格、学科专业特点、学生自身条件等多方面因素，强调人才培养成效与社会发展相匹配，能够为地方区域或行业发展培养高质量人才。

表 4-1-1　应用型本科高校教师特质教学能力评价

一级指标	二级指标	三级指标
基础知识	学科专业知识	快速进行知识更新能力 与经济社会保持零距离联系能力 发现并挖掘应用型本科高校人才创新培养能力
	学科教学知识	OBE 产出导向与学科教学知识融合能力 协调学科教学内容与教学模式相适应能力 教学与生产实践相融合能力
	人文社科知识	深度融入地方区域经济发展能力 掌握不同区域发展需求能力 运用相应人文社科知识培养应用型人才能力
教学技能	教学内容设计	理论知识可操作化能力 专业实践知识系统化能力 课程思政与学科教学融合能力
	教学方法选取	创设教学情境能力 指导学生探究式学习能力 准确选择并熟练运用不同教学模式能力
	教学组织与实施	灵活组织教学能力 自我教学管理能力 智慧教学能力
教学支持	教师信息化素养	信息技术运用及转换能力 网络学习资源甄别与优选能力
	教学研究	捕捉教学实践与应用型人才培养需求间关系及问题能力 教育教学改革与创新能力 教学研究反哺教学实践能力
	教学评价	自我教学评价能力 提炼并定期更新评价标准能力
	教学反思	洞察社会发展风向能力 对照应用型人才标准审视课程设置与设计能力 动态调整教学目标能力

总之，应用型本科高校教师"教"与"学"必须与社会发展需求对接、与企业用人标准对照，更需要教师能够敏锐地发现社会发展和地方区域建设对人才需求的新变化，并通过重新对教学目标设定、教学内容设计、教学方法选取、教学组织与实施、评价与反思等环节的审视，完成应用型人才的高质量培养。

（三）课堂教学能力

1. 教学认知能力

为了更好地针对学生学习的情景、学生学习的特点、教学的整体计划进行分析，教学认知能力也应运而生。在应用型本科高校的日常教学活动中，教师应该具备一定的教学认知能力，才能够更好地掌握本校的人才培养计划和课程教学的思路和大纲。从应用型本科高校专业课程的具体内容和学生技能学习的情况来说，应该对教材的类型进行合理地选择，并从客观的教学环境和学生的具体学习情况进行判断，方能促进教师认知能力的提升。

2. 教学设计能力

教师在开展各种类型的教学活动之前，需要对教学的具体内容进行科学合理的规划。在教育教学活动正式开始之前，教师应该积极学习一些专业领域的理论知识。在理论知识的辅助下，教师的教学水平能够实现较大幅度提升，如果对专业性的知识加以整合的话，教学方面的内容能够更为系统和直观。学生在学习的过程中，也会感到更加轻松。教师只有不断提升个人的综合素质和能力，才能完成应用型高校教师队伍的组建任务。如果教师具备了较高的专业能力，那么就可以将自身掌握的知识融入自己的知识体系之中，做好对教材的梳理和整合工作，使得教学设计的质量也能够实现较大幅度的提升。教学设计能力是教师的一种整合教学知识的能力，在完成知识整合后，学生能更深入地了解知识的内容。为了实现提升教师教学水平的目标，可以帮助教师做好内在知识体系和教学形式的结合工作，构建一个良好的教学体系，完善教学的各种形式，并设计一定的教学内容结构，帮助学生完善自己的知识结构，做好理论知识的学习等基础性的工作，最终达成教学的最终目标。

在应用型的本科高校中，如果教师的教学设计能力得到提升，那么教师的应用型本科高校专业课程内容将会得到一定的完善。教师在实际教学过程中，也会取得良好的教学效果，并实现规范化教学设计的目的。在良好教学氛围的影响下，教师和学生之间的关系能够更为融洽。在对高校教师的教学设计能力进行培养的过程中，我们需要从教学的理念和教学的模式入手，加大知识的渗透力度，并不断增强教师在教学前期的准入意识，完善自身的教学设计能力。

3. 教学实施能力

在实际的教学过程中，教师在不同的教学阶段完成教学任务的能力，也可以叫作教学实施能力。在应用型本科高校中，教师可以在这一能力的帮助下，不断激发学生们的学习动机，并在教学的过程中积极使用口头和语言的方式做好教学手段的优化。为了更好地开展对高校教师教学实施能力的培养活动，教师在教学的过程中也应该做好对每个学生的个性化指导工作，从而保证专业课程的教学是符合教学过程要求的。教学实施能力的培养过程有着阶段性的突出特点，之所以阶段性的特征最为明显，这是因为在不同的教学阶段中，课堂开展的具体教学内容是存在较大差别的。在这一背景下，我们应该积极利用阶段培养的模式，不断培养教师的教学实施能力，使得教师的教学实施能力水平能够符合课程实施的要求，从而快速推动高校教师教学能力的综合发展。

4. 教学监控能力

教师在具体的教学过程中，会对目前的教学情况开展科学、成体系的管控，在管控的过程中，反映出的就是教师的教学监控能力。教师在学生学习专业课程知识时，会结合监督识别等手段，对学生的学习过程进行更为全面的监控工作，并对学生的各种学习能力开展综合性的评估工作，从而更好地分析学生在课堂上的学习状态和学习的综合能力，实现教师和学生的协同发展。

在应用型高校的教学工作中，高校教师应该从更为宏观的角度出发，做好课堂的把控工作，从而提升自己的专业能力，进而影响学生的实践能力。教师在日常的专业教学中，应该采取更为积极和正面的教学态度，在课堂的教学中寻找自身的专业价值，明确自身对课堂全局的把控责任，在课堂时间，教师应该以更为饱满的热情引导学生的学习活动，让学生在掌握专业基础知识的同时，还能由心底生出对专业课程深深的热爱之情，在良好的探索氛围中学习知识、调整心态。教师还应该与时俱进地学习新的知识，从而在根本上掌握全班学生的学习情况，更有针对性完成课堂上的设计活动，并在把握课堂节奏的同时，提升学生的学习积极性，这正是高校高素质人才培养的基本目标之一。

5. 教学指导能力

教师应该积极利用每一次的训练项目活动，结合课堂的实践和训练，为学生提供将知识转化为实践能力的机会，满足学生自我发展的重要目标。在专业应用的过程中，教师应该积极积累实践的经验，从而为学生提供良好的实践指导。教师教学能力的全方位提升离不开各个方面能力的共同培养，只有高校青年教师素养不断积累，应用型高校的教学质量才能够得到保证。

二、应用型本科高校教师的工程实践能力

（一）实践操作能力

应用型本科高校开设的目的是培养一批成熟的应用型人才，这一类人才的实践操作经验应是较为丰富的，素质较高。对于应用型本科高校的教师来说如果自身的实践水平不足，那么也无法为学生们教授好实践类型的课程。但是目前的情况是，应用型本科高校青年教师们的实践意识普遍不足，操作能力也不能满足对实践能力的要求。如果我们去分析根本的原因的话就能发现，目前的青年教师们自学生时代接受的就是传统教学模式，而且在重视理论知识、轻视实践过程的影响下，大部分的人都认为理论知识的学习是更为关键的，不够重视实践操作在学校中发挥的重要作用；另外，我们其实是受到应用型本科高校体制的深刻影响，许多的教师在开展教学的考核工作时，都只注重学生的平均成绩和教师的论文发表数量，使得教师在这样的评奖评职称环境下，也慢慢淡化了开展工程实践的意识。

（二）工程教学能力

在应用型本科高校中，教师不仅要经常参与到实践活动中，还应该积极锻炼自己的工程教学能力。在培养应用型人才的过程中，还要非常重视实践教学的作用。如今在应用型本科高校中，教师们的工程教学能力仍然处于一个较低的水平上。在实际的教学过程中，往往会出现教学资源不足、教学条件欠缺、实践教学设备落后等问题。在应用型本科高校教师的培养阶段，教师也同样缺乏实践性的经验。在平时的学习过程中，学习的重点是学科的理论知识内容，很少参与到工程实践活动之中，造成教师提升教学能力的机会少之又少。

三、应用型本科高校教师的国际交流能力

（一）外语交流能力

在全球化程度不断加深的当下，许多应用型本科高校都在尝试和国际教育相接轨的实践活动。对于教师来说，阅读英文文献是一个重要的信息来源，为了更好地开展文献阅读，应该不断地提升自己的英语词汇量，达到流畅的听、说、读、写水平。在我国的教学模式中，在研究生的招生阶段通常会对学生的英语水平进行考核，分为笔试和口试，这从一开始就为应用型高校老师的对外交流水平作了铺垫。

（二）国际动态把握能力

应用型本科高校教师除了应具备基本的外语交流能力之外，还应该持续关注本专业的国际研究动向。在我国教育逐渐走向国际的今天，应用型本科高校也应加强国际交流的频次和深度，逐渐增加中外的合作办学项目。在我国高校中，处处能够看到外国老师的身影，说明我国的教师队伍正在变得更

为国际化。教师只有时时关注国际专业领域的动态，才能跟上专业知识的发展速度。但是，因为高校教师在刚入职的阶段都更为重视对专业知识的积累，因此对国际上的专业动态存在不够重视的问题。

四、应用型本科高校教师的其他专业能力

（一）科研创新能力

科研创新的能力是教师在本专业领域中对实践的发现和创新的能力。为了做好应用型人才培养的工作，教师在平时的教学工作中就应该将发现探索活动放在首要的位置。教师在自身专业领域内，开展发明创新等活动时，运用的便是科研创新能力。应用型人才的培养过程现今没有现成的经验可言，所以应用型高校教师要主动对比其他高校的经验，并从中总结出培养的规律，不断完善自身的教育理论体系。

（二）组织管理能力

组织管理能力是指教师对班集体的管理能力，教师需要运用这一能力对学生的活动进行管理，包括对班级和研究队伍的管理、对学生集体活动的良好管理等。在目前，我国应用型本科高校的教师在组织管理方面的表现较为良好，许多教师对班集体的培训都是十分到位的。

（三）社会服务能力

社会服务能力是教师在社会环境中为社会发展作出的贡献的能力，满足社会对高校教师等类型的人才的需要。作为一名高校教师，在工作和生活之外，还应该具备利用自己的专业知识为社会服务的能力，但是如今教师的社会服务能力还没有受到大众的普遍重视。

第二节 应用型本科高校教师专业能力
提升的经验借鉴

国外应用型高校产生较早，较为典型的应用型高校主要有德国应用科学高校、英国的多科技术学院、日本的科学技术高校等，它们在发展进程中经历过挫折，积累了十分宝贵的经验。我国应用型高校建设处于初始探索阶段，作为同类型高校的建设，国外应用型高校在师资队伍建设方面的经验，对我国高校的建设具有一定的启发和借鉴价值。

一、德国应用科学高校教师专业实践能力提升的经验借鉴

（一）德国应用科学高校的产生与发展

应用型科学高校是德国除了综合性高校之外的第二大类高等教育机构，是德国高层次应用型人才培养的主体。德国的应用科学高校创建于 20 世纪六七十年代，是在战后德国高等教育入学人数急剧增多以及知识经济迫切需要大批高素质应用型人才的背景下形成的，主要致力于培养运用科学知识解决社会实际问题的高层次应用型人才。

第二次世界大战之后，特别是进入 20 世纪 60 年代后期，随着现代科学技术的广泛应用，德国的产业结构更新升级加快，为满足社会发展和产业结构变化的需求，迫切需要大批高层次的应用型人才。然而，"德国自 19 世纪开始建立的工程师学校、高级技术学院、机械学院已经不能满足从产业升级带来的对高层次技术人才的需求，而德国原有的高校，如洪堡高校等，由于定位于学术型人才培养，无法满足经济社会新的发展需求"①。这时，为了填

---

① 邓泽民，董慧超. 德国应用科学大学研究［M］. 北京：科学出版社，2017.

补以理论传授为导向的高校教育和双元制培训体系之间在结构上的空隙，应用科学高校在原工程师学院、高级技术学院等学校的基础上改建后应运而生，在德国传统的高等教育框架内"升格"成为一种新型的高等学校。1976年，德国颁布的《高等教育总法》正式确立应用科学高校作为高等教育机构的法定地位，以立法的形式为应用科学高校的建立和发展提供政策、法律依据。1985年的《高等教育结构法》明确规定"不同的高校形式作为不同类型的高校体系中等值的要素而相互存在"，即从法律地位上说明了应用科学高校和综合性高校及其他类学校是"不同类型，但是等值"的，界定了应用科学高校的法律地位。

应用科学高校教学偏重应用技术，培养能将理论知识转化为实用技术的"桥梁式"人才，特别是工程技术人才。从20世纪60年代末发展至今，应用科学高校已成为德国高等教育体系中的重要组成部分，培养出大批高级应用型人才，在德国经济社会发展中发挥着重要的作用。在前期发展过程中，应用科学高校重在高层次人才培养，较少从事科研活动，科研任务主要由综合性高校来完成。20世纪90年代中后期以后，不少应用科学高校依托企业发展开始涉及应用研究，重视应用技术研发，尤其侧重于区域社会经济发展所需的应用型研究，其办学定位得到进一步拓展。截至2018/2019学年度，德国共含有246所应用科学高校，占当年高校数量的57.7%[①]。

（二）严格的教师资格准入制度

在德国，获得职业教师资格证，必须在规定的高校毕业之后，通过第一次国家考试取得实习资格，再经过不少于18个月的实习，通过第二次国家考试。只有具备一年以上的企业实习等工作经历，才能成为职业教师培养的合格生源。一般的理论课、普通教育课教师必须经过两个阶段的考试才能获得职业教育的教师资格。第一阶段是高校学习完成后进行的第一次国家考试，

---

① 彭湃. 德国应用科学大学的50年：起源、发展与隐忧[J]. 清华大学教育研究，2020（3）：98-109.

主要考察教师的教育学专业知识、心理学等内容；之后是为期一年的企业实习和两年的教师预备实习，以了解生产一线的工艺流程、用人标准、管理制度等，及在进修学校和职业学校积累教育教学经验。在教师预备实习结束前，实习教师要进行第二次国家考试，主要考察其专业实践能力、教学能力、教育学、教育心理学知识、专业法、学校法、公务法等内容，只有通过第二次国家考试，才能获得教师资格证。而对于技术教师和实训教师，其从学校毕业后，首先要具备五年的企业工作经历，之后经过企业专业技能考评，再经过一年的教育学基础学习和半年的专业培训，最后经过企业统一考试，才能获得职业教育技术教师、实训教师的教师资格。由此可见，具备较强的专业实践能力是成为德国职教教师的重点。

（三）高标准的教师聘任资格

德国应用科学高校的办学优势主要体现在理论与实践的紧密结合，对入职教师的学历和工作经验的要求非常高，对于教师专业素质能力的要求有别于普通高校。德国的高校只设教授，不设教授以外的教师职称，教授丰富的实践经验是应用科学高校最重要的办学特色。《高等学校框架法》规定应用学科高校教授入职资格要求是"在多年专业实践中应用或发展科学知识和方法方面取得特殊成就"[①]。德国《高等教育总法》规定，应聘为德国应用科学高校的教师，应具备三个条件：一是具备学术性，即获得博士学位。一般而言，应用科学高校普通科目的教师必须获得博士学位，具备较好的学术造诣、较强的自主深入进行学术科研的能力，是某一学科的专家，并通过高等学校教授资格考试。二是实践性，即要求其教师和研究人员具有相关的从业经验。在应用科学高校，除了外语和数学专业，其他专业教授应具有在本专业从事至少五年的职业实践经验，并作出特殊的成绩，其中，至少三年在高等学校以外的领域工作，实践经验还必须具有专业匹配性。三是教育性，即应聘者

---

① 彭湃. 德国应用科学大学的 50 年：起源、发展与隐忧 [J]. 清华大学教育研究，2020（3）：98-109.

必须通过实践经验证明其在教育学和教学法上的适合性，在应聘之前就已经在高校积累了两年以上的教学经验，如在高校做过兼职教师或科研助理等。对应用科学高校教师的三重资格要求是德国应用型科学高校办学成功的有效保障。

值得注意的是，为避免教授之间的"近亲繁殖"，德国规定，在本校获得教授资格的不能应聘本校的教授职位，唯有外校毕业或工作的教授才具备聘任资格。从聘任条件可以看出，德国应用科学高校教师聘任条件非常严格，教授除了需要具备较高的理论水平、深厚的学术教育背景及较长的教育学习经历，还要有很强的企业实践经历，具有丰富的理论联系实际的实践经验。此外，在教师的续聘方面，应用科学高校的教授需要得到企业至少 5 年的资金支持才能继续受聘于高校。德国应用科学高校对教授的入职要求一定程度上保证了应用型人才培养的实践性以及教授知识和技能的不断更新，也保证了人才培养、应用研究与行业企业需求之间的持续良性互动。

（四）重视兼职教师队伍建设

德国应用科学高校非常重视兼职教师队伍建设，从企业、政府、金融机构等聘任了很多兼职教员，约三分之一的教师是来自经济界、企业和其他社会机构的校外（企事业单位）特聘讲师，部分高校的兼职教师队伍比例甚至超过 50%。这些人大多具有丰富的行业和专业经验，很大程度上保证了学校教学与研究工作的实践导向，这利于不断更新专业知识与职业技能，也促进了社会经济活动与高校应用型研究之间的良性互动循环。例如，柏林经济与法律应用科学高校有 156 名教授，495 名校外特聘讲师；卡尔斯鲁厄工程和经济学院有 176 名教授，330 名校外特聘讲师。他们均具有丰富的实践经验，将实践中的最新知识和问题带到学校，在为学生授课的同时，还会举行各种讲座，将企业技术发展动态等内容介绍给学生，从而有效保证应用型人才培养、科学研究与企业需求充分接轨。2007 年德国联邦政府与州政府共同出台了中长期教育发展规划《高等教育协定 2020》，明确强调要增加校外特聘讲师，之后，应用科学高校外聘教师的数量明显增长。通过聘任具有丰富实践经验的技术人员或专家学者作为应用科学高校的兼职教师，实现了高校与外界行业企业的充分对接，有利于兼职教师将最新的技术发展动态引入高校并传授给学生，避免了应用型人才培养过程中理论与实践的脱节。

（五）教师培训突出实践导向

德国应用科学高校教师培训的实践导向鲜明，政府和学校通过多种举措推动、激励教师提升自身专业实践素质。应用科学高校教师培训既可以在校内继续教育培训中心完成，也可以在企业完成，但更多的是教师选择赴企业参加实践培训、接受实践锻炼。为提高教师的专业实践能力，部分应用科学高校实行教授定期"调研休假"的制度，即从教期间，教授定期到专业对口企业从事实际工作或应用研究，以熟知企业的生产流程、工艺要求和产品质量标准，了解企业实际工作中的最新问题、最新动态，更新和扩充知识。一些应用科学高校则在校内提供专门的教师培训和进修平台，培训内容由学校根据社会发展需求和人才培养需要设定，缺什么补什么。

安贝格-魏登应用技术高校是德国拜仁州的一所公立高校，该校规定教师要定期在校外行业企业参加进修和继续教育活动，而且学校本身也设立了继续教育培训中心，以便向教师提供培训。还有些学校建立了州—州所辖行政区—行政区下属教育局—本校内部培训四级教师进修网络，一些学校还规定教师若要参加实践导向的进修，可以在相关企业实践一个学期，以了解技术、工艺发展的新动态，也可以通过参加学校的各类培训班来完成，这种进修4年有1次机会。在岗前培训方面，应用科学高校教师入职岗前培训充分体现职业教育的特色，培训内容以基本教学能力和实践能力为主，实践导向鲜明。通过岗前培训，入职教师能够加深对应用型人才培养的理解和体验，增强对社会行业企业需求的直观认识，为消除人才培养和社会需求的隔阂奠定基础。

二、英国多科技术学院教师专业实践能力提升的经验借鉴

（一）英国多科技术学院的产生和发展

英国多科技术学院的发展经历了多科技术学院的建立与多科技术学院更名为高校的两个时期。1963 年，为满足英国当时经济社会发展对各级技术技能人才的需求，英国高等教育委员会发表了《罗宾斯报告》，提议建立多科技术学院。1966 年英国教育与科学部颁布了《关于多科技术学院与其他学院的计划》白皮书，将原有地方学院、区域学院、社区学院按区域合并成新型高校——多科技术学院，并正式提出成立以多科技术学院为主体的公共高等教育体系。随后几年英国成立了 30 多所多科技术学院，逐步形成本科层次职业教育体系。多科技术学院办学特色鲜明，课程形式灵活多样，课程设置侧重应用科学和职业培训，在高层次应用型人才培养及高等教育规模的扩张和结构改革方面发挥出重要作用，是英国高素质应用型人才的主要培养基地。多科技术学院的建立使英国形成了非高校与高校构成的高等教育"双重体制"。

1988 年英国颁布《教育改革法》，成立由中央政府拨款的"多科技术学院与其他学院基金委员会"，多科技术学院脱离地方政府控制，接受中央政府直接管理，获得独立法人地位。1992 年，英国政府出台《继续教育与高等教育法》，同意多科技术学院升格为高校，赋予其独立授予学位的权力。之后 34 所多科技术学院及部分其他学院逐渐更名为高校，并不断提升学位授予层次，英国的高等教育体系由"双重体制"回归"一元体制"时期。更名后的多科技术学院（英国新建本科高校）通常被称为"1992 后高校"（或"新高校"），其向应用型转变就比较成功，虽然这类高校自产生之日起就或多或少存在"学术漂移"与"模式趋同"现象，但多数学校仍保持着其原有的"职业""应用"特色，保持其清晰的地方性、服务性办学定位，面向企业实施专业技术教育，提供职业性课程，开展应用性研究，与传统高校在学术影响、

社会认可等方面的差异依然存在。

（二）教师聘任注重教师的实践经验

1974 年，多科技术学院委员会在明确多科技术学院教师选拔资格条件时提出："发展具有多科技术学院特色的教师，不能只是单纯地去模仿高校的教师模式，应该有自己的世界观和独特的教学经验。高级教师更应该热爱教育事业并具备广泛的社会经验。"因此，在教师聘用方面，多科技术学院注重教师的实际应用能力，倾向于引进实践经验丰富的工程技术人员和一线管理人员担任专任教师。

多科技术学院大多数教师具有丰富的生产和管理经验，了解真实的工作场景，动手操作和应用研究能力强，能够指导学生将所学的理论知识应用于生产实践，并能根据行业企业发展的新趋势、新要求，及时调整教学内容和方法，传授新的知识和技能，有针对性地开展教学。随着英国多科技术学院的发展，多数学院对教师专业素质进行了严格规定，一方面，教师要不断努力提高自己的学历水平和研究能力；另一方面，多数学院鼓励教师深入企业一线进一步接触企业的"真实情境"，了解生产实际中不断发生的新情况、新问题，不断提升自身的专业实践能力，以更好地掌握指导学生实践、实习的技术和本领。许多学校与厂矿企业、技术部门建立良好关系，经常聘请有丰富经验的技术人员和管理人员做兼职教师、开设讲座和新兴课程，传授生产实际中的新知识、新技能。有关资料显示，1980 年，多科技术学院的教师队伍以兼职教师为主，兼职教师有 5.5 万人，而专职教师只有 2.8 万人[①]。"1992 后高校"中的多数教师来自行业企业一线，例如被誉为"企业家和工程师摇篮"的赫特福德高校约 70%的教师来自工商业界的第一线。

---

① 张建新. 高等教育体制变迁研究——英国高等教育从二元制向一元制转变探析 [M]. 北京：教育科学出版社，2006.

（三）教师培训注重对教师实践能力的培养和提升

多科技术学院成立的最初几年，教师培训并未受到重视。1974年，随着多科技术学院教育发展委员会的成立，促使多科技术学院将教师培训作为一项重要的政策实施，各学院的教师培训才逐渐系统化。多科技术学院教师培训的形式主要包括脱产学习、学术会议、研究咨询等，同时也会组织一些短期培训项目，一般由系主任对本系教师的培训情况进行完备的记录，部分学院还会开展年度教师培训工作评估。各学院一般有较为明确的教师培训政策，定期派遣教师到行业企业一线相关岗位进行在岗培训，以增强教师专业素质，提高教师的专业实践能力。在教师赴行业企业实践锻炼期间，由经验丰富的技术和管理人员担当指导员，帮助他们制定培训方案和行动计划，并监控培训进程和进行培训效果的考核。同时，教师在企业的实践考核也作为学校决定教师续聘、晋升和提高薪资水平的重要依据。从整个职业教育来看，英国非常注重在行业一线培养职教教师。

1983年，英国政府在引入职业教育方案中首次提出为在职教师提供到企业培训锻炼的机会。在政府的推动下，职业高校与企业建立了良好的合作关系，逐渐形成了职前培养、入职辅导和职后培训"三段融合"与高校、职业学校和企业"三方参与"的职教师资培养模式，大量在职教师在行业一线得到充分的实践锻炼机会。

（四）围绕学校办学目标开展教师评价

多科技术学院对教师的考评主要包括专业理论知识和实践技能水平两方面，但相比于理论性的科研成果、学术论文，其更加注重对教师实践操作、技术开发、应用研究能力的考评。在多科技术学院的基础上，"1992后高校"在办学职能上强调教学、学生需求和社会服务，教学目的、教学内容、教学方式紧跟学校发展目标。因此，这类高校在考评教师时往往淡化学术性要求，更加注重学生的满意度以及教师对学校和社会的贡献度。以博尔顿高校为例，博尔顿高校前身为博尔顿高校技术学院与博尔顿教师培训学院合并而成的博尔顿高等教育学院,1990 年获得本科学位授权,2005 年更名为高校,从其"教师绩效评价指标"可以看出(见表 4-2-1),博尔顿高校将教师教学、引导学生发展、对学校发展的贡献度作为评价教师的重要指标;在评价教师的学术活动时主要是衡量教师与学校发展战略的相关度,而非科研项目、学术论文、论著等具体可量化的学术性指标,从而引导教师将主要精力放在教学、人才培养或学校办学目标的实现上,同时通过教师评价引导教师关注学生就业、注重研究成果的转化以及为社会服务方向。

表 4-2-1　博尔顿高校教师绩效评价指标[①]

一级指标	二级指标
教学	学生反馈;模块与项目领导力;教学质量
学生体验	教学模块和学生成就;项目和论文指导通过率;课程贡献度 研究生指导:进展和完成情况 个体辅导:具体成效
研究与学术活动:与学校发展战略相关度	职工资质:进展和成就;专业认证和再验证;研究成果与学校发展战略的相关度;应用型研究资金所得
就业和企业工作	学生就业能力:高校学生就业结果 学生实习:学位论文和其他项目;对行业顾问委员会的贡献;组织行业人员讲座;其他邀请雇佣单位参加的活动;知识转化
学院愿景和高校贡献	招生(最近一学年);指导培训初级员工或新教师;其他团队合作性工作及其成就

三、日本应用型高校教师专业实践能力提升的经验借鉴

(一)日本应用型高校的产生和发展

日本本科高职教育的发展始于 20 世纪 60 年代,第二次世界大战后,为打破单一教育结构导致的人才培养规格单一问题,满足经济发展和产业结构

---

① 杨琼.应用型本科高校教师绩效评价研究——以英国博尔顿大学为例[J].教育发展研究,2017(7):58-63.

调整对高级专业技术人才的需要，1971 年，日本中央教育审议会发表了《关于今后学校教育综合扩充、整顿的基本对策》，确立建立技术科学高校。长冈和丰桥两所技术科学高校于 1974 年开始筹备，1976 年日本政府颁布《国立学校设置法部分修正法案》，宣布正式建立丰桥技术科学高校与长冈技术科学高校。作为一种"专科后"技术教育，技术科学高校的建立增加了一种新型的高等职业教育专门机构，为职业技术人才接受更高层次职业教育提供了可能，使得日本职业教育的层次结构更加合理。

技术科学高校既具有本科高校的特征，又具有职业高校的属性，是一类举办本科和研究生教育的高等职业高校，旨在通过 4 年的专业教育，培养具有创造能力和研究开发能力的"指导性技术人员"。20 世纪 90 年代初，日本本科高职教育得到迅猛发展。40 多年来，日本技术科学高校专注于人才实践能力培养与应用研究，通过应用型本科与专业学位研究生的衔接、贯通，培养社会需要的高层次应用型人才，成为具有鲜明职业特色、较高办学质量和声誉的本科高职高校。20 世纪 90 年代以来，随着日本本科教育规模的进一步扩大，日本在高等专门学校创设专科攻本科（专攻科）制度，高等专门学校毕业生可直接进入"专攻科"学习并获得学士学位，部分高等专门学校开始举办本科高职，以便专科生取得准学士和学士学位资格。

（二）明确教师入职资格标准

日本《学校教育法》对职业教育教师资格作出了严格规定，对于承担专门课程、一般课程、高等课程等不同课程的教师规定了不同标准。根据《学校教育法》，日本文部科学省制定了针对不同类型高职高校的基准性政策法规。高等专门学校方面，如表 4-2-2 所示，日本文部科学省颁布新修订的《高等专门学校设置基准》对高等专门学校各职称教师的入职资格作出了明确规定。但《高等专门学校设置基准》对各高校不同职称教师的入职资格规定是基本的、通用性的参照标准，高等专门学校在人才招聘中往往结合自身的办学实际、用人需求，制定出具有校本特色的教师聘任标准。日本东京工业高等专门学校是一所典型的具有"专攻科"制度的高校，该校在招聘副教授、讲师或助教时要求必须符合以下各项条件：获得博士学位，且所获学位与应聘学科专业相同；能够胜任高专低年级教学和专攻科学生的指导工作，并促进二者衔接教育；能够开展实践教学，并不断改进实训实习教学方法；具备产学研合作、服务地方的能力；具备在高校、高等专门学校的教育教学经验；能够承担班主任工作，对学生开展生活指导等。日本的技术科学高校非常注重师资队伍建设，要求教师既要有理论积淀，更要有丰富的实践经历。日本技术科学高校在专业教师聘任方面严格遵循学校的相关制度，在强调具备过硬专业能力的同时，注重考察教师的实践能力与实践经验。技术科学高校还常年聘请高等专门学校教师任教，聘期一般为1～2年。

表 4-2-2 高等专门学校专门课程教师入职资格政策规定

政策文本	入职资格条件	
《高等专门学校设置基准》（最新修订平成二十二年文部科学省令第十五号）	教授招聘条件：被认为有担当高等专门学校教育教学能力并且必须符合以下条件之一者	（1）获得博士学位者 （2）获得专业硕士学位，有相关专门领域的业务实绩 （3）有在高校、短期高校、高等专门学校任教授、副教授、专任讲师经历者 （4）学校、研究所、实验所、调查所的在职人员，有教育研究实绩，或者工厂、事业单位的在职人员，有技术业务实绩 （5）被认为在特定的领域有丰富的知识和出色的才能
	副教授招聘条件：认为有担当高等专门学校教育教学能力并且必须符合以下条件之一者	（1）符合教授入职资格条件之一者 （2）有在高校、高等专门学校做助教或者有与此大体相同的职务经历者 （3）获得硕士学位或者获得专业硕士学位 （4）被认为在特定的领域有丰富的知识和出色的技能经验

（三）多渠道引进师资

为吸收社会人士充实职教教师队伍，1988年日本修订的《教育职员许可法》提出设立特别资格证书和兼职教员的制度，这就为职教聘用各行各业富有专业理论和实践经验的业务骨干来担任教学工作开了绿灯，拓宽了师资来源。日本的技术科学高校非常注重以专职或兼职的形式招聘具有较强理论基础和实际操作经验的企业人员进入教师队伍中。为促进理论教学与技术实践的结合，增强实践教学的效果，技术科学高校直接从企业聘请了大量有丰富实践经验的高级研究人员到学校任教。以长冈技术科学高校系统安全专业为例，2014 年的统计数据中，系统安全专业有 11 名专职教师、10 名兼职教师、15 名外聘讲师、3 名名誉教授。其中，专职教师中，7 名教授、3 名副教授、1 名讲师，3 名教师在企业中担任职务[①]。此外，为积极推动教师队伍结构的多元化，提升教师解决实际问题的能力，技术科学高校积极将自身教育体系培养的优秀毕业生留下任教，并使之在师资结构中达到一定比例。

（四）采用灵活多样的教师进修制度

日本的《教育公务员特别法》对教师进修作了专门规定。在该项法律的指引下，日本建立了从中央到地方的各级教师进修制度。高等职业教育教师在职进修主要包括校内进修、校外进修及海外考察进修等形式。根据日本职业学校教师在职进修制度的规定，新教师在录用后必须经过 1 年的实习试用期，在试用期内，职业学校教师在从事授课工作的同时，每周必须保证的进修时间在校内 2 天，在校外 1 天。

为提高教师的实践能力和国际化视野，技术科学高校非常注重教师海外考察进修，每年都会派大量教师到海外考察学习。"丰桥技术科学高校每年至少派出 300 名教师赴海外研修交流，从事科技合作，年均派出人数几乎占到全校专任教师总数的 90%。"[②]长冈技术科学高校仅 2013 年一年派赴海外的教师就达到 541 人。日本这种灵活多样的教师进修制度，便于高职教师掌握最新的企业技术，了解技术革新的最新动态，保证教学质量和应用型人才培养质量不断提高。

（五）灵活的职称评定机制

日本新的《学校教育法》规定高校职称岗位分为助手、助教、准教授、

---

① 孟秀丽，杨连生，王松婵. 日本长冈技术科学大学工程硕士培养探析［J］. 研究生教育研究，2014（6）：91-95.

② 叶磊. 日本技术科学大学的办学特色及其经验启示［J］. 职教论坛，2014（16）：84-87.

教授。日本高校的职称评定机制灵活，并非每年定期评定职称，而是由教师本人根据自己的工作年限和业绩积累，并根据学校订立的标准，随时向学校提出申请。因此，在日本只有当教师提出申请时，才进行职称评定。各级职称评审的条件也相对比较灵活，在日本，科研工作是教师职称晋升的重要条件，但学校对教师的科研任务不做硬性要求，不把论文的数量和级别作为主要参考依据，而是实行教授集体审议制，即聘请行内的专家对教师个人的科研成果进行评审鉴定。教师的职称晋升权主要在校级层面，由学校公布各级职称的名额，制定职称晋升的条件。以丰桥技术科学高校为例，根据丰桥技术科学高校章程及相关规定，该校在各级职称晋升条件中（见表 4-2-3），并非将学历、科研等作为硬性条件。下表可以看出，丰桥技术科学高校教员选拔考核条件的弹性相对比较大。

表 4-2-3　丰桥技术科学高校教员选拔考核条件

晋升职称	条件
教授	应符合下列各项中的任意一项，并具有相应能够承担高校教育研究的能力： （1）博士学位（包括国外授予的具有同等学力的学位） （2）有相应研究成果，且研究成果已发表 （3）具有学位规定（昭和 28 年文部省令第 9 号）第 5 条第 2 点规定的专业学位（包括国外授予的具有同等学力的学位），且具有该专业学位专业领域内实际成果 （4）曾在高校有过担任教授、副教授或专业讲师的经历（包括在国外担任教员的经历） （5）在艺术、体育方面具有特殊技能且有教育经验 （6）在专业领域具有丰富的知识和经验
副教授	应符合下列各项中的任意一项，并具有相应能够承担高校教育研究的能力： （1）符合前条各项之一者 （2）曾在高校担任过助教或同等级教员的经历（包括在国外高校担任教员的经历） （3）拥有硕士学位或学位规定（昭和 28 年文部省令第 9 号）第 5 条第 2 点规定的专业学位（包括国外授予的具有同等学力的学位） （4）在研究所、考试所、调查所工作且有实际成果 （5）在专业领域具有丰富的知识和经验
讲师	应符合下列各项中的任意一项，并具有相应能承担高校教育研究的能力： （1）满足前两条规定的教授或副教授的条件 （2）在其他特殊专业领域内，具有在高校担任教育研究的能力
助教	应符合下列各项中的任意一项，并具有相应能够承担高校教育研究的能力： （1）符合第三条规定的讲师的条件 （2）具有硕士学位（医学、牙科、药学、兽医学士学位）或者拥有硕士学位或学位规定（昭和 28 年文部省令第 9 号）第 5 条第 2 点规定的专业学位 （3）在专业领域具有丰富的知识和经验

四、国外应用型高校教师专业实践能力提升的经验启示

师资是应用型高校发展的关键，国外并没有使用"双师双能型"教师或"专业实践能力"的明确提法，但对应用型高校教师的内涵要求与我国是一致的。资本主义发达国家本科职业教育起步较早，在师资队伍建设方面积累了许多经验，对提升我国应用型高校教师专业实践能力有着一定的现实意义和启示。

（一）注重对教师实践经历的要求

高校职能定位的不同、人才培养目标的不同，对教师的专业素质要求也就不同。国外应用型高校教师的选用条件相当严格，除注重教师职业道德素养和敬业奉献精神外，对教师的实践经历也有着明确的要求，强调任职教师必须具有一定行业企业实践经历。国外应用型高校招聘的教师往往在大型企业、公司、社会组织或者政府部门担任过主要的职务，很多任职教师既是高校的名师，又是企业的核心技术人员、高管或智囊。这些教师不仅受过专门的高等教育，具有某种层次的学历学位，还接受过某些必备技能训练，拥有一定的实践经验和实际操作技能。例如，在德国，受聘于应用科学高校的教授要求学术性、实践性、教育性兼备，必须具备至少五年的业界实践经验才能够申请成为一名指导教师。没有工作经验，对企业环境不熟悉，这样的教师很难培养出高素质的应用型人才。现阶段，我国应用型高校在人才引进中一般对教师的学历、学术科研能力要求较高，但对教师的工作经验基本不做硬性要求。鉴于此，我国应用型高校在人才引进过程中，应借鉴国外应用型高校教师的任职资格要求，既要注重教师的学术性和教学性，也要注重其实践性，从源头上把好入职关，调整和完善人才聘任政策体系，重视应聘者的实践经历与经验要求。

（二）建设专兼职结合的教师队伍

国外应用型高校非常重视兼职教师队伍建设，普遍实行专兼职教师结合的师资队伍建设模式，专职与兼职教师的比例一般为1:1，许多应用型高校如英国多科技术学院等，其从业界聘请兼职教师的人数和比例要高于专职教师，德国部分应用型高校兼职教师比例甚至超过70%。国外应用型高校大力从行业企业聘请兼职任教，这些兼职教师主要由企业专业技术人员、企业管理人、能工巧匠等人员担任，他们主要讲授专业性和职业性强的课程，这样能将职业领域内的新知识、新技术、新工艺、新方法带进课堂，这样不仅大大提高了应用型人才培养质量，同时也减少学校教师的实践培训成本。目前我国应用型高校的教师绝大多数是专任教师，从行业企业聘请的兼职教师人数较少，这种现状不利于高质量应用型人才的培养。因此，应用型高校应加大兼职教师的聘请力度，积极聘请行业企业优秀人才入校从教，建设专兼职相结合的教师队伍。

（三）发挥政府的立法、统筹和引导作用

严格的法律法规是提升教师专业实践能力的重要保障。国外应用型高校建设首先重视立法，由国家层面的教育立法作为保障，并通过颁布附属立法和认证标准来保障其办学质量，以立法的形式加强教师队伍建设。如德国的《德国高等教育法》、英国的《应用技术学院和其他学院发展计划》、瑞士的《应用科技高校联邦法等法律法规》；日本文部科学省根据《学校教育法》分别制定了《专修学校设置基准》《短期高校设置基准》《高等专门学校设置基准》等基准性政策法规，对各类职业高校教师入职资格都作出详细、明确的规定，为不同类型学校的教师招聘提供基本标准和政策依据。可见，为加强应用型高校建设，国外首先通过国家层面的法令法规确立应用型高校在高等教育系统中的法律地位、建设标准，为教师队伍建设提供大环境的制度保障。鉴于此，我国应进一步建立健全相关法律法规，通过国家层面的法律法规保障应

用型高校的办学地位、办学质量，明确其办学标准和师资队伍建设标准，推进应用型高校教师专业实践能力建设的制度化、规范化和法制化进程。

（四）重视教师实践培训与加强教师考评管理

加强实践培训是提升应用型高校教师专业实践能力的有效途径。国外应用型高校师资培训体系相当完善，许多国家非常重视对教师的培训及继续进修，甚至采取立法的形式来对教师的实践培训加以规范，如德国把教师不断接受新知识、新技能的培训作为教师必须履行的一项义务。现阶段，我国应用型高校教师培训主要以"校—校"教师培训模式为主，培训模式单一，且学术化、理论化、学科化倾向严重，很难从根本上解决教师队伍实践能力不足的问题。为此，应用型高校应积极寻求政府支持，加强校政产学研合作，建立校企合作的有效平台，不断拓展和丰富应用型高校教师培训的模式和内容。此外，国外优秀的应用型高校都有科学的考评体系，德国、英国、日本等国基本上都形成了系统严格的考核鉴定制度和健全完善的师资质量保证体系。考评内容方面，专业理论知识和实践技能水平始终是这些高校关注的两个主要内容，与科研项目、学术论文等学术成果相比，国外应用型高校更加注重对教师技术开发和技术应用能力的考评。

第三节　应用型本科高校教师专业
能力提升的逻辑

应用型高校教师专业实践能力的提升是一个复杂的、影响面广的系统工程，既要重视高校内部因素，也要关注高校外部因素。应用型高校嵌入在多元环境中，教师专业实践能力提升的制度改革应遵从"域性"而非"线性"的思维，遵从国家、地方、高校等多重制度改革逻辑与制度框架设计理念，统筹考虑宏观层面上制度环境创设、中观层面上条件保障优化及微观层面上制度安排与教师行为同构之间的联系。

一、应用型高校教师专业实践能力提升的制度改革逻辑

制度逻辑强调制度的多元性，应用型高校教师专业实践能力的提升应遵从多重制度改革逻辑，打好组合拳，遵循协同推进、激励相容、循序渐进的制度改革原则。制度逻辑塑造或决定了组织环境中的"游戏规则"，在组织层面，制度逻辑能帮助决策制定者作出合乎逻辑的决策；在外部环境层面，制度逻辑不断强化组织内外部利益相关者对组织身份和组织战略及行为的理解和认同。

根据国外学者的研究，制度逻辑影响和塑造组织获取合法性行为主要存在四种机制：一是通过组织获得个体的集体身份认同，特定的制度逻辑能够塑造行为主体的群体特征；二是制度逻辑通过分层分类塑造个体行为对主体的认知；三是制度逻辑通过改变组织决策者的注意力配置来影响组织和个体的行为；四是制度逻辑影响对权利和身份的争取。通过这四种机制，制度逻辑能够在一定程度上避免组织趋同的现象，引导组织合法性行为走向差异化。

当高等教育情境或高校对教师的角色要求发生变化或失衡时，高校教师管理改革就会出现。从某种意义上说，高校系统中各种各样的行为其实都是被制度逻辑所编程后的结果。高校的制度改革应遵从一定的制度逻辑。新制度主义认为，制度逻辑的首要任务是赋予有关组织以身份。任何组织与学校进行交往，首先需要对"什么是学校"形成一种共识，而这种共识就是制度逻辑赋予学校的合法身份。应用型高校教师管理制度改革，首先要从政府层面明确赋予学校"应用型"的身份，如果没有这一前提，任何高校内部的改革都存在合法性危机。

基于解决某一问题的某项制度改革，绝不仅是对该项制度本身及其制度安排进行调整、完善或更替，而是一个复杂的系统工程。在现代社会中，应用型高校往往嵌入在多元制度环境中，因此，提升教师专业实践能力，

必须遵从"域性"而非"线性"的思维，以系统的视角来综合考虑和改革教师管理制度。"以'域性'的意义理解高校教师发展制度创新，就不能孤立地谈论某一项制度的作用，而是要关注一定场域内整体制度框架的设计，注重框架内各项制度之间的相互联系、相互作用，以更准确地把握、预测和优化改进各类主体的行为。"①教师专业实践能力的制度改革是一个域性的过程，既要对教师管理制度体系进行整体关照、调整、完善或更替现有教师管理制度，也要超越高校领域，对多元主体参与的制度体系进行整体关照，关注教师专业实践能力提升背后的制度逻辑，实现"多主体协作"下多重制度逻辑共存与整合的教师管理制度改革模式。从制度逻辑考量，基于教师专业实践能力提升的教师管理制度设计与改革既要关注内部高校层面，也要关注外界环境层面，关注如何从政府层面更加有效地赋予"应用型高校"的身份，关注如何从学校层面更加有效地赋予"应用型师资"的角色。

制度逻辑是由一定的制度环境决定的，应用型高校教师专业实践能力的提升必须重新审视教师专业实践能力建设面临的"大环境"，调整制度改革的逻辑。制度逻辑强调制度的多元性，提供了宏观层面上制度环境创设、中观层面上条件保障优化及微观层面上制度安排与群体行为同构之间的联系，为应用型高校教师专业实践能力提升的制度改革提供了一个分析框架与视角。"个体或组织行为是制度因素所塑造的，而这些制度因素又嵌入在更高层次的社会系统中。"②因此，应用型高校教师专业实践能力提升的制度改革必须把教师与高校放在更高层次的制度环境中，自上而下从国家、地方政府、高校三个层面的制度逻辑出发，形成制度改革合力。这样才能层层递进、统筹推进，才能有效提升应用型高校教师的"双师双能"素质。

① 姜超. 大学教师发展制度创新的主体关系与路径突破［J］. 全球教育展望，2018（11）：72-86.
② 毛益民. 制度逻辑冲突：场域约束与管理实践［J］. 广东社会科学，2014（6）：211-220.

二、应用型高校教师专业实践能力提升的国家逻辑

应用型高校教师专业实践能力提升既是高校内部的事情，也与其外在的制度环境紧密联系在一起。国家层面的制度逻辑旨在通过创设有利于应用型高校建设的外部制度环境，对不同类型的高校设定不同的建设目标，采用不同的评价机制，合理引导各类应用型本科高校遵循办学规律，找准办学定位，为应用型高校教师管理制度的诱致性变革及教师专业实践能力的提升创造有利条件。

（一）建立普通本科高校分类评价管理机制

高校评估是高校办学的风向标，不同类型的高校办学定位与人才培养目标不同，国家对其评估的指标体系及评价要求也要有所差异。提升应用型高校教师专业实践能力的首要之举是尽快改革我国高等教育管理和评价制度，从国家层面出台"普通本科高校分类评价评估管理实施办法"，制定应用型高校评价评估管理办法，按照高校类型分类评估、分别评价。

一是在当前针对新建本科学校开展本科教学工作合格评估的基础上，国家应依据高校类型，修订完善《普通高等学校本科教学工作合格评估实施办法》，调整优化《普通高等学校本科教学工作合格评估指标体系》，制定应用型高校教学工作评估实施办法与指标体系，所涉指标应均反映应用型高校关键特征的核心指标。在新一轮的本科教学工作合格评估办法中，国家应更加注重对应用型高校实践和应用方面的考核评估，明确提出具备专业资格标准和任职经历的教师的数量和质量要求，降低对硕士、博士学历指标的强调。

二是国家要严格界定不同类型高校审核评估的范围与重点，在时间和空间上把控好审核评估中高校自制的这把"尺子"，以此增强审核评估在应用型高校自我评估、自我检验、自我改进方面的功能作用，推进应用型高校深化转型发展，推动应用型高校教师管理制度逐渐向提升教师"双师双能"素质转向。

三是应用型高校学科评估的指标体系及其权重分配要凸显实践应用特色，师资队伍、科研水平、人才培养等指标要尤其凸显教师的"双师双能"素质。

（二）构建应用型高校建设的国家标准

2018 年，在教育部发布的《关于完善教育标准化工作的指导意见》中提出，加快制定、修订各级各类学校设立标准、学校建设标准、教师队伍建设标准、学校运行和管理标准等。为更好地引导应用型高校明确自身办学定位，加快特色发展，应加快构建应用型高校建设标准，从办学定位、办学条件、学科专业建设、教师队伍、科学研究、人才培养、社会服务、学校管理制度等方面对应用型高校设置标准作出详细规定。各省级层面可参照国家指导性文件，制定出具有省级地方特色的地方应用型高校建设标准，指导地方本科高校更好地向应用型深度转变。

国家应建立健全分层分类的职教教师专业标准体系，从国家层面构建应用型高校"双师双能型"教师专业素质标准，更好地为应用型高校教师资格制定、人才引进、任用管理提供基准参考，为教师到企业实践及教师职称评审、考核评价提供政策依据。为此，国家教育行政部门应组织有关专家学者，从教师的实践经验、实践教学能力、应用研究能力等方面细化教师专业实践能力的内容，研制教师专业实践能力标准，以此解决当前各应用型高校对"双师双能型"教师队伍建设重视程度不一、衡量标准不一、效果难以监测等问题。此外，为深化企业与职业教育之间的合作关系，国家层面应在《国家职业教育改革实施方案》（职教 20 条）的基础上，出台专门针对校企合作、产教融合的政策法规，对合作双方的职责及相关激励与约束举措进行明确规定，为教师专业实践能力提升提供专门的政策法规支持。如在国家层面制定《应用型高校教师企业实践规定》，对应用型高校教师企业实践的内容和形式、组织和管理、保障措施等作出具体规定。

（三）加大中央对应用型高校建设的专项财政投入

应用型高校建设是一项关乎高校办学职能、师资队伍建设、人才培养目标的重大改革，需要大量的经费投入。而应用型高校原本的办学基础差、底子差，加之地方政府财政拨款有限，由于办学经费的短缺常常使其面临着"纵深推不动、横向铺不开"的发展困境，这影响了教师管理制度的改革进程。面对制约应用型高校发展的经费短缺问题，国家应加大对应用型高校的经费投入，解决应用型发展的经费瓶颈，保障应用型高校建设及"双师双能型"教师队伍建设的基础条件。

一是从中央政府层面设立针对地方本科高校转型发展、应用型高校建设的专项资金，对应用型高校的办学经费予以倾斜支持。启动实施"中国特色高水平应用型高校建设计划"，加大中央财政投入，建立与国家"双一流"或"百所示范性高等职业高校建设工程"同等地位、常态化、引导性的中央财政投入机制。

二是遵循"中央引导、地方为主、突出重点、协调发展"的原则，从申报转型的地方本科普通高校中分批遴选 100 所左右高校进行重点建设。中央财政通过高校相关资金引导支持中国特色高水平应用型高校建设，重点向办学水平高、特色鲜明的地方高校倾斜，在公平竞争中体现出扶优扶强扶特性质；中央基建投资对地方高校转型相关基础设施给予支持，地方财政统筹安排资金支持。

三是中央设立专项资金实施应用型高校教师专业素质提高计划与专业实践能力提升工程，支持应用型高校开展教师实践培训工作、教师实践实训平台建设，帮助应用型高校教师尤其是青年教师走出校园、走向社会，以此引领带动"双师双能型"教师队伍建设。

（四）完善教师资格条例

自 1994 年全国人民代表大会常务委员会颁布实施《中华人民共和国教师

法》（以下简称《教师法》），至今已有 27 年。期间我国高等教育发展形式和师资队伍状况发生了巨大的变化，现行《教师法》的部分内容已很难适应高等教育改革的发展和教师队伍建设需要，特别是在地方本科高校转型发展、"双一流"建设的背景下，不同类型高校发展与不同类别教师队伍建设都对《教师法》提出了新的要求，可以说《教师法》的修订迫在眉睫、势在必行。因此，国家要在现有《教师法》的基础上，加快推进《教师法》修订工作。

首先，《教师法》修订要体现分类施策。当前，我国高等教育办学类型多元，新修订的《教师法》要针对高职高专、应用型高校、研究型高校等不同类型高校的教师队伍特征、素质要求，提出有针对性的内容，明确新时代不同类型高校教师队伍建设定位，体现出精准治理特点。

其次，在修订《教师法》的基础上，加快修订《教师资格条例》，制定新的《〈教师资格条例〉实施办法》。现行《教师资格条例》中关于高等学校教师资格分类属性不明显，已不能适应目前多元化的高校教师队伍建设要求。因此，为提高应用型高校教师素质，加强"双师双能型"教师队伍建设，要加快修订《教师资格条例》，构建和完善体现分类施策的高校教师资格制度，建立"双师双能型"教师资格认证制度及实施细则，提高应用型高校教师入职的实践能力门槛，为应用型高校把好教师入口关提供法律依据。

最后，新修订的《教师法》要在现有基础上进一步完善不同类型高校教师在职培训和在职进修的支撑服务体系，提高应用型高校教师在职企业实践培训等方面的权利；同时要从国家法律层面进一步理顺不同类型高校教师管理体制机制，实现高校教师管理人权、事权、财权三者的统一。

三、应用型高校教师专业实践能力提升的地方逻辑

引导地方本科高校转型发展，顶层设计在中央，责任落实在地方。全面推进地方本科高校转型向纵深发展，地方政府特别是省级政府扮演着十分重要的角色。地方层面的制度逻辑旨在构建地方政府与应用型高校的新型关系，

通过省级政府落实统筹协调责任，完善扶持政策体系，破除体制机制束缚，优化应用型高校发展的外部保障条件和实践要素。

（一）构建地方政府与应用型高校的新型政校关系

地方政府是应用型高校管理的主体，推进地方本科高校转型发展、加强"双师双能型"教师队伍建设首要的是转变地方政府的教育行政职能，构建地方政府与应用型高校的新型政校关系。一是正确理顺应用型高校对外部行政权力的依附关系，实现转型发展下的应用型高校自治。由此，现阶段，地方政府在依法行政，依法对应用型高校进行管理，加强对应用型高校宏观调控的同时，要尽量减少对应用型高校改革的干预和约束，慎重选择干预应用型高校的范围、程度与方式，不断扩大应用型高校办学自主权，深化落实地方高校转型发展的责任，使其真正成为面向市场需求、拥有高度办学自主权的法人组织。只有这样，地方政府与应用型高校才能建立良好的互助合作关系，才能更好地满足经济社会发展对应用型高校建设、高层次应用型人才培养的需求。二是省级统筹，优化地方高等教育分类发展和管理。省级政府要按照"层次＋功能"的方法，优化高等教育分类发展和管理，强化功能定位。"层次"上优化高校分类推进与差别化发展，"功能"上实行应用型人才与学术型人才分类培养与差异化竞争机制，实现校校有特色、有个性、有优势，在属于自己的层次上，将功能发挥到极致，打造核心竞争力。

（二）深化落实地方本科高校转型发展的职责与方案

按照国家的要求，地方本科高校转型发展由省政府负责统筹，多数省份在三部委《指导意见》颁布之后出台了省级层面的转型指导意见。省级政府是引导地方本科高校向应用型转变的责任主体，要对地方本科高校转型发展给予足够的重视，补齐转型发展需要的政策和资金短板，落实主体责任，在省级层面填补转型政策体系的中空部分。

1. 加强应用型高校建设的省级统筹

地方政府特别是省级政府是引导地方本科高校转型发展、深入推进应用型高校建设的责任主体，是调动各主体积极性的主要推动要素。其一，地方政府要深入落实国家及省级层面转型发展的政策方案，从办学定位与特色、师资队伍、教学资源、人才培养、科研与社会服务等方面制定应用型高校建设的指导标准，填补高校转型发展的地方性政策体系中空。其二，省级政府应通过开展应用型高校建设与发展推进会、树立先进典型等活动，以扎实有力的实际举措引导应用型高校进一步深化思想认识，明确办学定位、建设思路与建设举措。其三，省级政府要加强应用型高校建设的省级统筹。在省级层面充分整合区域性的应用型高校资源，加强应用型高校教育联盟建设，扩大应用型高校建设的整体规模和联盟范围，以此打造共享开放的教学资源平台，提高实践场所范围、实验仪器设备等教学资源的利用率，最大限度地实现不同应用型高校资源共建共享、优势互补、集群发展。

2. 深入推进产教融合、校企合作

随着产教融合上升为国家教育改革和人才培养结构性改革的一项重要制度，产教融合已成为推动地方本科高校向应用型转变的重要路径，同时也为应用型高校教师转型发展和教师"双师双能"素质提升创造了良好契机。产教融合为推动教师观念转变提供了"催化剂"，为应用型高校教师深入接触行业企业提供渠道，为教师专业知识的更新和专业能力的提升提供了"源头活水"，也为应用型高校师资的多元化发展提供了充足的人才资源，同时产教融合还能够促进应用型高校教师管理制度改革。地方政府要把产教融合作为应用型高校教师专业实践能力提升的关键抓手。

第一，地方政府要按照国家《深化产教融合的若干意见》，同步规划地方层面产教融合发展政策，在与地方应用型高校充分沟通、交流的基础上，细化应用型高校产教融合发展的具体政策举措、支持方式和实现途径。

第二，地方政府要充分落实校企协同职责，统筹区域内产业、教育、科技资源，积极协调高校与行业企业利益关系，搭建产教对接平台，创建政策支持平台，筑建教师实训平台，构建产学研合作实践平台，以平台建设为载体，深化校企共建共治，切实推进产教深度融合、校企协同育人。

第三，搭建政府、高校、行业协会、企业共同参与的产教融合信息服务平台，汇聚地方校企合作、项目研发、技术服务及高校教师挂职锻炼、兼职教师聘请等各类供求信息。

第四，地方政府应对接纳教师培训锻炼的行业企业给予更多的优惠政策，如减免税费、减少工业园区租金、给予企业补助、增加土地使用、增加拨款或贷款额度等，以此提升企业参与"双师双能型"教师培养的积极性、主动性。同时，政府应通过鼓励应用型高校教师与行业企业优秀人才互相兼职、双向挂职等方式，建立"双师双能型"校企师资共同体，实现学校与行业企业互融，教师与业界优秀人才互通。

3. 扩大应用型高校教师管理自主权

为了推动应用型高校教师的管理制度改革进程，落实对教师专业实践能力的提升目标，地方政府应该努力扩大应用型高校教师的管理自主权。政府应该摆脱对应用型高校的"外控式"管理方式，转移管理的重心，扩大应用型高校办学的自主权，完善教师的聘用和管理制度。在教师的聘用和管理方面，地方政府应该将教师的招聘权转移到人社等相关的部门，扩大部门的管理权限，并破除过去对人才的硬性限制，让高校对聘用人才有更大的自由。另外，地方政府应该完善对高校的改革标准，让高校在保留本单位属性的基础层面上，取消高校固定的事业编制，凸显灵活的用人资格。在职称的评审方面，省一级政府应该下放自己的评审权，开设具有指导性作用的高校教师职称评审体系，确立一个符合高校教师工作特点的职称评审平台。不同类型的高校可以从省级的评审条件出发，从自身的发展实际出发，制定一个有效的评审机制，开展评审活动。

（三）加大对应用型高校的财政投入

从国际办学经验来看，应用型高校的生均经费一般要高于普通本科教育。目前，我国应用型高校的经费短缺现象要高于研究型高校。应用型高校的办学经费主要源于地方政府财政拨款，结合应用型高校发展需求，地方政府要进一步完善落实扶持政策体系，加大对应用型高校的资金投入，以此遏制其为获得办学资源而极力谋求办学层次提升的内在冲动。

首先，地方政府要增加对应用型高校的财政投入，特别是对应用型高校师资队伍建设的专项投入。除按编制拨款外，地方政府应加大对应用型高校建设的配套资助和专项扶持力度，设立专项经费支持应用型高校教师专业实践能力的提升，供应用型高校聘请行业企业兼职教师；加大地方财政投入，提高应用型高校教师薪资中的基本工资水准，同时利用地方财政补贴等政策工具，提高应用型高校教师薪资水平，合理控制应用型高校间教师的薪资差异；加大对"双师双能型"教师队伍建设的经费投入，使教师定期进企业接受培训和聘请企业兼职教师的经费落到实处，在经费支持上可设立专门的应用研究专项拨款，激励应用型高校加强应用研究；加大对实践教学环节的专项经费投入，扩大实训基地建设规模，增添实验、实训设备与设施，帮助应用型高校改善校内实验、实训条件，支持教师参加各种形式的校内外实践培训。

其次，转变对应用型高校的财政拨款方式。一是全面提高应用型高校生均拨款标准，使应用型高校生均财政拨款标准高于一般普通本科高校，并根据办学成本对不同专业设定不同拨款标准系数，支持特色优势学科专业的发展；二是在现有经费分配方式的基础上，地方政府应在应用型高校中探索引入竞争性经费分配方式，建立经费支出绩效评估制度，根据政府及第三部门对地方高校转型发展的评估结果，采用政府基本财政拨款与竞争性经费相结合的拨款模式，对应用型高校实行有差别的财政支持政策；三是在地方政府层面建立与高校应用型人才培养成本相适应的学费、公用经费标准动态调整机制，根据应用型高校的实际发展需求，相应地调整地方财政拨款。

最后，引导社会力量加大对应用型高校的投入。社会投入是高等教育投入的重要组成部分。应用型高校的市场属性较强，需要扩大其与社会的合作，在办学经费、应用型师资、实训实习场所、技术研发平台等方面获得社会的大力支持。因此，地方政府要在保持财政教育投入强度的同时，通过校企资源整合及完善财政、税收、金融和土地等优惠政策，积极引导和扩大社会资源投向应用型高校，鼓励行业企业和社会团体充分融入和参与到应用型高校建设、应用型人才培养中来。此外，政府要不断健全和完善民办应用型高校的社会投入机制，在税收、合理回报等方面为各投入主体提供多种政策支持，激发他们投入民办应用型教育的积极性。

（四）实行"双师双能型"教师职业资格制度

随着越来越多地方本科高校向应用型本科高校转型发展，现有的普适型高校教师资格制度已很难适应应用型高校教师队伍的建设要求。为加强"双师双能型"教师队伍建设，凸显应用型高校教师的"双师双能"素质标准，省级教育行政部门应将专业实践能力纳入应用型高校教师职业资格考核标准，实行"双师双能型"教师职业资格制度。各省级政府在省级《教师资格条例》细则中，应明确"双师双能型"教师的评价标准，明确应用型高校教师资格的认定申请条件。在"双师双能型"教师资格认定方面，一方面在职前培训中考核其教育学、心理学等一般教师的基本教育教学素质；另一方面，还应当在应用型高校教师资格认定中增加实践教学环节的考核，如规定教师应具备一年以上与专业相关的实践工作经历或获得职业技能等级证书等。如在德国要获得职教教师资格证，需经过两次国家考试，在通过第一次国家考试后，需经过不少于18个月的实习才能参加第二次国家考试。

为进一步保障"双师双能型"教师资格制度的顺利实施，省级政府要健全相应的"双师双能型"教师培训认证体系。首先，政府部门可在省级层面制定《应用型高校教师资格设置基准》，建立具体的"双师双能型"教师资格认证标准及实施细则，对教师的专业实践能力进行细化，为"双师双能型"教师培训和资格认证提出指导性标准。其次，省教育厅及教师资格培训基地要明确对应用型高校"双师双能型"教师职业素质和专业技能实施培训及认证的职能，建立相应的对教师专业实践能力进行培训及认定的单位，指定有关劳动部门和有关高校进行相应专业技能的培训，为应用型高校教师专业实践能力的培养和认定提供相应保障。再次，把普通高校教师职业资格认证与"双师双能型"教师资格认证统一起来，根据"双师双能型"教师队伍的标准，开展应用型高校师资队伍建设。

四、应用型高校教师专业实践能力提升的高校逻辑

国家与地方层面的制度改革逻辑为校本层面的教师管理制度改革创设了良好的外部制度环境。制度应在最接近受影响人的层级制定，高校是教师行为最直接的影响主体，应用型高校在提升教师专业实践能力方面的制度改革能够直接、精准、有效地影响教师的行为模式、行为规范。高校层面的制度改革逻辑旨在从教师聘任、教师培训、教师考评等方面建立和完善与应用型高校师资队伍建设要求相一致的教师管理制度，通过制度改革校正科研的指挥棒，调节与规制教师不当行为。这一方面，国外应用型高校改革历程也给我们提供了很好的经验借鉴。

（一）完善多渠道、多类型聘用的教师聘任制度

1. 优化应用型高校人才招聘政策

应用型高校的人才引进既要注重学术性条件，也要注重实践性条件。只有学术经历而没有实际工作经验，对行业企业环境不熟悉，这样的教师很难培养出高素质的应用型人才。因此，应用型高校要根据办学定位，围绕应用型人才培养目标，按照"破五唯"的要求，着力引进有行业背景和行业经验

的教师。这一点可借鉴国外经验，如德国《高等教育总法》规定，应用科学高校教授聘任条件之一是要求应聘者具有至少 5 年的实践工作经验，其中 3 年在高校以外的领域工作。在教师招聘中，应用型高校要重视对应聘者相关专业领域的工作经验与经历要求，侧重求职者的工作经验与专业技能，淡化学历标准，强化职业能力要求，破除唯学历、唯论文、唯帽子、唯职称倾向，重视学术性经历、行业企业工作经历、高校工作经历，尤其是行业企业工作经历应成为应用型高校教师招聘的必备条件。

2. 加大兼职教师的聘用比例

在聘用专职教师的同时，应用型高校要进一步加大兼职教师聘请力度，形成专兼职教师共同发展的教师队伍。对于高层次、高技能行业优秀人才，学校可采用直接考察的方式公开招聘兼职教师。从世界应用型本科教育发展来看，应用型高校教师经历了一个从专任教师为主到专任教师与兼职教师并重的发展历程。现阶段，多数发达国家应用型高校兼职教师占比一般在 50% 以上，部分国家兼职教师占总数的比例甚至在 70% 左右。鉴于此，我国应用型高校应制定兼职教师工作方案，设置兼职教学岗位，采用灵活多样的方式，选聘在职或退休的有专长且实践经验丰富的行业企业优秀人才到学校兼职任教，以此充实和加强"双师双能型"教师队伍，为应用型高校发展提供强有力的应用型师资保障。应用型高校也要注重对兼职教师进行教学技能培训，不断提升其教育教学能力，从而使他们更好地将专业技术、实践经验传授给学生。同时，学校还应加强对行业企业外聘教师的管理与服务，在课酬计算、课时安排、教学质量、制度遵守等方面强化对兼职教师的有效管理，制定相对独立的督导、薪酬等管理制度，保证兼职教师顺利地完成教学任务，自觉地融入学校发展大局。

（二）建立教师企业实践培训制度

教师赴企业实践培训、挂职锻炼是提升教师专业实践能力的关键举措，是强化产教融合、校企合作的重要手段，同时也是国外培养应用型师资的成功经验，如德国应用科学高校的教师"调研休假"制度等。应用型高校要结合自身发展实际情况，重新规划教师专业发展培训工作，让更多的教师走出校门，走进企业"练本领"，通过建立政、校、企、师"四位一体"的教师企业实践培训机制，有效地提升教师专业实践能力。

1. 深化产教融合

目前，应用型高校的产教融合在不同程度上存在着"一头热"现象，离"两头甜"还存在一定距离。因此，建立政、校、企、师"四位一体"的教师企业培训制度，首先要深化产教融合，打破利益格局形成的藩篱，构建产教利益共同体、责任共同体、价值共同体和文化共同体，形成"产教命运共同体"。在产教融合背景下，产教融合各主体应共同打造实践平台、共同构建多元师资、共同认定教师素质、共同评价教师业绩，合力推动应用型高校教师专业实践能力的提升。

应用型高校要主动寻求地方政府支持，主动与行业企业合作，开展"教学—科研—产业"三位一体的产教融合机制，强化科技成果转化，建设科技成果转化平台，提升应用型高校产教融合意识和融合程度，提升服务、支撑和引领地方产业发展的能力。这样应用型高校才能在产教融合中获益，才能为教师专业实践能力的提升提供更多的实践平台。应用型高校既要明确规定行业企业要承担的职责，也要充分考虑企业的相关权益，保证企业的基本利益不受损失，使企业在校企合作过程中产生的亏损得到有效补偿。在主动寻求合作的过程中，应用型高校可给予企业一定的经济、技术补偿或适当"让渡部分劳动力支配给企业"，甚至在不影响正常教学工作的情况下，把学校的部分利益让步给企业，使企业能够在双方合作中获益，真正实现合作共赢。

2. 构建"四位一体"的教师企业实践培训机制

提升应用型高校教师专业实践能力的关键在于让教师走进行业企业，打破传统的"校—校"之间的封闭式教师培训制度。

首先，应用型高校教师培训制度应围绕校企关系着力实现"三个转向"，即培训内容从基础性培训和学历补偿教育，逐步转向教师赴行业一线学习交流、兼职挂职、实践锻炼等实践性培训；培训场域从"校—校"之间逐步转向"校—企"之间；培训机制从主要依靠政府、高校、教师三者之间的互动，转向依靠政府、高校、行业企业、教师四者之间的有机结合。

其次，构建以高校为主体，政、校、企、教"四位一体"的教师企业培训"责任共担"机制，即地方政府从中统筹协调，牵线搭桥；高校主动对接，搭建平台；企业积极参与、履行责任；教师转变观念，踊跃实践。应用型高校应按照"责任共担"原则，将教师企业实践培训转变成具体的制度安排，形成常态化、制度化的教师企业实践培训制度。

最后，落实专任教师全员企业培训机制。对引进的青年博士进行企业实践培训，尤其是对缺乏行业企业工作经验的新进青年教师，入职后第1年可不独立授课，到行业企业顶岗工作、挂职锻炼3个月以上；应用型高校教师每年至少1～2个月在行业企业或实训基地进行实践培训；学校要落实教师每3至5年为一周期的企业轮训制度，分批派教师到行业企业顶岗实践、挂职锻炼、实践培训。

3. 建立教师企业实践培训的保障机制

（1）建立教师企业实践锻炼的管理协调机制

教师到企业实践锻炼是一个系统的工程，包含诸多管理环节。从高校层面来看，教师企业实践涉及学校人事部门、教务部门、教师发展中心、二级学院等多个职能部门，这些部门在教师企业实践过程中承担不同的角色。为避免各部门之间出现相互推诿、扯皮等现象，应用型高校一方面要理清各职能部门的权责关系，从实践考评体系制定，人事管理、教学安排、教师企业实践计划制定，人员离职管理、监督考核等方面切实做到各在其位、各司其职；另一方面，要建立起组织协调机制，在确保学校内部各部门沟通协作的同时，积极与企业沟通协调，保证教师在企业的实践活动高效、有序地展开。

（2）保证教师到企业实践锻炼的时间

现阶段总体来看应用型高校教师缺口较大，大多数教师教学科研任务繁重，缺乏到企业实践培训的时间和精力，难以脱岗从事实践锻炼。因此，应用型高校要适当减少教师教学课时量，减轻教师教学负担，适当安排教师的科研任务，使应用型高校教师有时间参加企业实践锻炼，同时将教师赴企事业单位接受培训、挂职锻炼时间折算成教学学时，以弥补职称评定、考核评价等对教师课时量的硬性要求。学校要加强应用型师资储备工作，填补应用型高校教师缺口，降低学校师生比，使教师能够分批、轮换到行业一线进行实践锻炼。另外，考虑到应用型高校的师资缺口、学校正常的教学安排及企业对教师实践的整块化时间管理等问题，应用型高校教师到企业实践应采取以半脱产为主、半脱产与全脱产相结合的"工教交替"形式，少数教师也可结合其自身专业特点及个人实际情况申请全脱产到企业实践。这样既能满足教师到企业实践锻炼的需求，以及企业对教师相对完整实践时间的要求，也能适当兼顾学校的教学工作安排，一定程度上避免实践培训时间与教学时间冲突，同时还能够保证实践培训的效果。相关研究表明，专业教师企业实践应该以半脱产为主要形式。此外，应用型高校要加强教师企业实践的经费保障，保障教师企业实践期间的待遇不低于在校期间的待遇，解除教师企业实践的后顾之忧。

（3）强化教师企业实践的监控机制

现阶段，由于教师企业实践的监控机制不完善，部分教师赴企业实践锻炼的动机不端正，存在应付学校职称评审、考核评价需求的现象，一些教师甚至借到企业培训的机会离校完成一些个人私事。为此，高校一方面要纠正部分教师企业实践的动机，对实践动机不端正的教师，要及时发现，正确引导；另一方面，要建立和完善教师企业实践监控机制，细化教师企业实践的流程，与教师实践单位签订具体协议，就教师实践期间考核评价、工作纪律、培训成效等与企业合作制定详细规则，双方可采用项目合作、成果认定等形式对教师实践过程与成效予以监控，形成校企联控。企业单位要定期向学校报告教师在企业的实践情况，学校要加强督导检查，不定期到企业走访调查，最终由实践单位与学校共同对教师实践效果给予考评，避免教师企业实践期间出现"放羊式"管理的现象。学校对教师企业实践培训也可采用目标管理的方式，将督导检查权下放到二级学院进行，校院两级督导组不定期到教师实践单位进行督导检查。

（4）细化教师企业实践考评过程

应用型高校和接受教师实践的行业企业是考评教师企业实践效果的两个主体，二者应充分发挥彼此的考评职能，从诊断性评价、形成性评价和终结性评价三方面细化教师企业实践考评过程。诊断性评价可放在教师企业实践培训之前，由学校管理层、学院共同组织实施，旨在查明教师企业实践薄弱点，明确教师企业实践内容，为教师企业实践提供差别化的方案依据；形成性评价是在教师企业实践过程中以企业为评价主体的过程性评价，旨在监控教师企业培训的质量，检查教师企业实践培训的效果，发现教师企业实践培训存在的问题，确保教师企业实践培训目标的实现；终结性评价是在教师企业实践培训结束时由学校和企业共同组织实施的评价，企业和学校分别根据教师实践期间的综合表现、实际操作能力及实践成果等，按照一定的比例给出的综合性评价，而非仅仅让教师交一份实践报告。此外，在对教师实践考评的基础上，应用型高校要强化对考核结果的运用，将考评结果与教师的职称评审、绩效考核相关联，不断完善教师企业实践培训制度，提升教师专业实践能力。

（5）加强教师实践培训的物质与精神激励

一方面，应用型高校要创建教师专业实践能力培养的激励机制，保障参加实践锻炼教师的绩效工资水平、福利待遇不低于在岗教师，同时，进一步提高教师实践培训的经费支出，提供教师赴企业接受培训、挂职工作、实践锻炼的津贴补贴，充分发挥工资福利、校内津贴等方面的激励作用，以此激发教师参加实践培训的积极性、主动性，激励教师不断提升专业实践能力；另一方面，应用型高校在学校层面树立教师企业实践培训先进典范，对在企业实践中表现优异或在实践期间取得突破性成果的教师，积极地推出、宣传，激励和引导广大教师积极赴行业企业参加实践锻炼。

（三）调整应用型高校教师职称评审的指标体系

高校的类型不同，其教师职称评审标准的侧重点也应有所差异。应用型高校的办学定位与师资队伍建设要求决定教师职称评审标准应区别于一般普通本科高校，目前应用型高校教师职称制度仍以教师发表论文、主持科研项目以及获得教学科研成果奖项为主来衡量，与研究型高校职称评审标准差异不大。应用型高校应在保证评聘程序不变的原则下，结合"双师双能型"教师队伍建设要求，创建有利于促进教师专业实践能力提升的激励机制。

1. 完善职称评审标准

结合应用型高校教师队伍的建设要求，应用型高校在完善教师职称评审标准时，应注重考察教师的专业性、技术性、实践性、创造性，突出对实践性成果的评价；合理设置教师职称评审中的学术论文及其他科研成果条件，避免将论文、科研项目、论著等作为应用型高校教师职称评审的限制性条件，把横向研究、产学合作、技术服务等应用研究成果作为教师职称评审中科研要求的重要指标；对实践经验与经历丰富、社会服务贡献突出、在某一领域具有一定技术技能特长的专任教师，要淡化或不做论文要求；在职称评审中推行代表作制度，重点考察应用科研成果和创作作品的质量，淡化对学术论文或科研项目数量的要求；将教改论文、教改项目、教改成果奖及其他学术论文、科研项目、获奖情况作为教师职称评定的加分项而非基本条件。

2. 增加实践性考核元素

引导教师在实践教学、实践成果等方面加大时间和精力投入。将社会服务和企业实践经历作为教师晋升专业技术职务的必要且竞争性条件，对晋升高级专业技术职务的教师，应满足至少两项要求，如主持校企横向科研课题、获得授权发明专利、主持或参与校外实践教学基地建设或承担产学研基地工作任务、承担政府或企业的技术服务任务、具有半年及以上企事业单位实践锻炼经历、科研成果转化取得的经济社会效益及在所从事相关专业技术领域取得工程师、技师等职称证书或职（执）业资格证书等。增设实践教学方面的考核内容，在职称晋升的教学必备条件中增设实践教学工作量及实践业绩方面的评审要求，增加该方面的考核权重。此外，鉴于应用型高校教师队伍中企业专业技术人员的比例，其教师职称评审条件对这部分人才的学历要求不宜过高、过严。

3. 推进职称制度与职业资格制度的有效衔接

2016 年，中共中央办公厅、国务院办公厅印发的《关于深化职称制度改革的意见》提出为促进职称制度与职业资格制度有效衔接，在职称与职业资格密切相关的职业领域建立职称与职业资格对应关系，专业技术人才取得职业资格即可认定其具备相应系列和层级的职称。应用型高校可根据"双师双能型"教师队伍建设需要，打破传统的高校职称评审机制，通过建立多元的能力认证和考评机制，确保不同资质和能力特长的兼职教师得到有效的认可和发展。具体而言，应用型高校应创新现有教师职称评定标准与业界兼职人员行业企业资历、职业资格证书、技术技能资质等实践性内容的关联机制，创新准入类职业资格、水平评价类职业资格等专业技术类职业资格与高校职称的对应关系，把兼职教师拥有的自身实践性内容、各类职业资格与学术科研、教学工作量进行合理转换，设计出超越传统职称晋升路径的更多元、更丰富、更有针对性的应用型高校教师校本层面职称评审体系。这样才能从根本上清除应用型高校教师与企业优秀人才身份转换、相互兼职的障碍。

（四）健全完善教师考核评价制度

完善的应用型高校教师考评制度是调动教师提升专业实践能力积极性、主动性的可靠保障。应用型高校的教师考核评价制度应是以学术条件为主的考评向以技术和应用等实践条件为主的考评转变，充分引导教师从课堂走向生产，从学校走向社会，将专业知识转化为产业应用的行为。应用型高校应结合自身办学定位和师资队伍建设要求，尽快把教师专业实践能力考评纳入教师业务整体考核中，充分发挥考核评价机制对教师专业实践能力提升的杠杆作用，这样才能在制度层面上建立出有效机制，保障教师专业实践能力的快速提升。

1. 调整教师考评指标体系与权重

应用型高校教师考评应重点围绕实践教学、应用研究与社会服务等实践性指标体系展开，并根据岗位职能与类型特征赋以科学合理的指标权重。在具体权重方面，应用型高校要调整科研与教学的权重比例，不断增加教学在教师考评中的权重；均衡一般理论教学与实践教学的计分比例关系，增加实践教学的计分项目，提高部分实践教学成果的计分分值；对教师的科研考评应突出应用导向，优化科研计分项目和分值，增加应用科研及其成果的计分点与计分分值。同时，应用型高校应将教师赴企业实践纳入企业和学校工作计划和任务中来，并将其作为考核教师的一项重要指标，以更好地激励广大教师积极赴行业企业实践锻炼。通过国外应用型高校教师考评指标体系也可以发现，国外应用型高校一般将教学、引导学生发展、教师对学校发展战略的贡献度等作为评价教师的重要指标，对学术论文、科研项目、论著等学术性指标没有硬性要求。

2. 把实践性成果作为教师考核评价的重要内容

目前高校对教师的考核评价主要以便于量化考核的学术科研成果为主，应用型高校应逐步转变以科研项目、发表学术论文等为主的考评机制，把教师的学术性与实践性有机结合起来，建立凸显"双师双能"素质的教师考评标准。

一是重视对教师实践成果的考评。应用型高校在教师考评应做到三个"转变"，即从注重科研向注重教学转变，从注重学术研究向注重应用研究转变，从注重学生知识的获取向注重学生的应用能力转变[1]。同时将教师的工作业

---

① 杨琼. 应用型本科高校教师绩效评价研究——以英国博尔顿大学为例 [J]. 教育发展研究，2017（7）：58-63.

绩与学校转型发展战略目标紧密相连，通过考核评价引导教师更好地服务于学校的办学定位、发展战略，引导教师更好地培养经济社会发展需要的高素质应用型人才。

二是在学术考评中实现从"四高"到"四专"的转向。应用型高校应从注重高级别刊物、高级别获奖、高水平论文、高层次项目，转向重视专利、专业咨询报告、专项技术集成、专项技术转让与服务，将应用研发、专利申请、科研成果转化、社会服务贡献度等纳入考评指标体系，逐步建立起以实践成果为核心的教师考核评价体系。

三是重点突出科研成果转化效果的评价考核。相比于研究型高校，应用型高校要解决的更多是理论、科学原理或是新技术如何在现实中应用并加以改进的问题，更加注重对学术成果的快速、高效转化。因此，应用型高校对教师的评价要更加突出知识的转化应用成果，突出科研成果的转化效果，突出科研成果产出运用、转化应用的创新，以此不断提升教师专业实践能力。

3. 引入社会评价机制

应用型高校教师专业实践能力包含多个维度，涉及企业实践、课堂教学、实验实训实习指导、动手操作、应用研究等多方面，如果仅仅靠高校单方面对教师进行考核，往往很难真实地反映教师的能力和水平。因此，应用型高校教师的考评应从外界引入社会评价，考评主体由传统的学校一元评价转向学校、行业专家、企业骨干、同行、学生等共同参与的多元评价，这样才能将教师专业实践能力等实践方面的内容客观真实地反映出来。同时，应用型高校教师分类考评要注重考评的实践导向，坚持共性考评与个性考评相结合，定量考核与定性评价相结合、年度考核与聘期考核相结合的原则，在此原则基础上确立不同类型教师的考评标准与要求，分层分类设置各类教师评价指标体系、考评方式。

第五章 围绕评价制度促进 应用型本科高校教师发展

应用型高校是培养我国应用型人才的一支强大力量，与研究型高校或教学研究型高校不同，其本质特征集中体现在四个方面，即地方性、应用性、技术性和实践性。从学校办学定位出发，应用型高校教师的专业实践能力应当成为教师评价的核心要素。然而，长期以来，应用型高校教师管理制度的学术导向在应用型高校教师评价中发挥着"指挥棒"的作用。应用型高校教师从教育教学的角度出发，应更加看重开展实践教学、应用研究的能力；但从自身职业发展角度出发，又不得不遵从学术导向的评价规则，重视学术评价中对论文、职称等的要求。本章内容为围绕评价制度促进应用型本科高校教师发展，分为三部分内容，依次是应用型本科高校教师评价的定位、应用型本科高校教师评价制度保障、应用型本科高校教师评价制度实施路径。

第一节 应用型本科高校教师评价的定位

在我国高等教育大众化发展的浪潮中，应用型本科高校作为我国高等教育机构的类型之一，已经摆脱了对理论发展的单一追求，开始在实践层面上成为我国众多高校的未来发展方向之一。教师是高校各项职能的具体执行者，教师的评价对于应用型本科高校的发展起到十分重要的推动作用。但是，从现实层面出发考虑的话，很多将应用型本科作为未来发展方向的高校，他们的教师评价体系和"211""985"高校十分接近，几乎没有什么太大的差别。

应用型本科教师在分类上，从属于高校教师的范围。在评价应用型本科教师时，应该遵循对高校教师的评价方式，并根据应用型人才培养的需要，做好符合应用型高校发展的制度安排。也就是说，应用型本科教师在评价的具体定位方面，应该是符合大众类型高校要求的，但是在诠释评价的具体构成上，我们应该选择能够体现应用型本科具体要求的指标，体现应用型本科的鲜明特色。

一、以分类评价为指向形塑教师评价的总体定位

高校教师评价就是对全部高校教师的评价，那么，对应用型本科教师的评价就是对应用型本科全体专任教师的评价。但是如果我们只是简单地使用统一的方法开展评价活动，实际上是不符合应用型本科办学基本要求的。总的来说，背后的原因在于应用型本科的人才培养定位和其他学校存在较大的差别。高校培养的人才类型主要有三类，分别是学术型人才、应用型人才和技能型人才。

应用型人才和学术的人才相比，应用型人才素质结构应是更为突出的，不仅要包含学术型人才具备的理论知识，还需要具备应用能力。所以，为了更好地满足应用型人才的培养需要，在设置专业课程的结构时，应该将理论课程和实践课程放在同等的地位。为了完成课程的教学任务，应用型的本科专任教师应该积极发挥自己的双重能力，做好对学生理论和实践的双重培养工作。所以说应用型的本科教师应该有所侧重地发展这一类的能力，在评价教师时，应该将不同类型的岗位需要作为一项基础的内容，并要从不同的评价标准出发，制定教师的专业教学计划。

总的来说，在宏观层面上，应用型本科高等院校应该对教师群体进行科学的划分，并从具体的教师群体需要出发，构建一个科学的教师评价体系。在做铺垫性工作的时候，应该将岗位的分类作为基础性的条件，以下是三个基本的工作方面。

首先，应该在教师岗位上设置两个不同类型的岗位，分别是理论教学岗位和实践教学岗位，开设这两个岗位的目的是和课程结构中的理论课程和实践课程对应在一起。不同类型的应用型本科院校应该从自身的办学需要出发，设置恰当的岗位数量，使得岗位数量维持在一个恰当的水平和范围上。

其次，应该以自愿选择为主，合理地引导为辅助方式，这样的方式是为了让每一个教师都明确自己的未来发展前景，理性地选择教学的岗位。

最后，应该制定多种类型的评价要求，从而满足不同教学岗位教师的具体情况，从而构建起一个差异化的评价标准。评价的基本思路是：对于在理论教学岗位工作的教师来说，在评价他们的工作时，应该关注他们知识水平的提升程度；对于在实践教学岗位工作的教师来说，在评价他们的工作时，应该看重对实践能力的考察。

二、以社会、教师和学生为重点推动教师评价主体多元化

在具体的教育实践过程中，为了保证活动的最终效果，高校应该努力将不同利益相关者的力量融入教育实践中。高校是一个复杂的系统，与之相关的利益者众多。基于这一现实，有研究者从利益相关者占有的空间大小问题出发，将高校的利益相关者划分为两个类型，分别是外部利益相关者和内部利益相关者。我们可以首先从高校外部的角度进行分析，利益相关者主要包括三个方面，分别是政府、社会和家长。从内部角度进行分析的话，可以发现利益相关者主要包括学生、教师和管理者。

在应用型本科高校中，利益相关者的类型和数量也是相当多的。在应用

型本科高校的教育活动中，出发点不同的利益相关者们拥有不同的追求。在应用型的本科高校改革过程中，教师评价起到了非常重要的作用。对于高校的管理者来说，他们必须将不同类型的利益者都吸引到管理活动中，才能完成教育的改革过程，才能将各方的力量引入到学校的发展过程中。

首先，对于高校的利益相关者来说，他们每个人都是应用型本科教师评价的主体。为了保证利益相关者的积极性，使得每一次活动的效果都能够落在实处，高校的管理者应该主动采取正面、积极的策略，让不同类型的利益相关者都能够参与到教师的评价活动之中，或者是自由地表达自己对于教学内容的看法，或者是不断提升对于评价活动的积极性，及时获得评价的最终结果。

另外，在应用型本科教师评价主体中，学生、教师和社会都是不可缺少的。为了实现应用型本科教师评价的良好发展，需要丰富评价主体的层次，也就是和不同评价的主体建立起立体、多维的合作关系，使得不同类型的主体都能够参与到评价活动之中。在现实层面，应用型本科教师评价主体的建设重点就是社会、教师和学生。对他们作为评价主体建设重点的原因进行分析，主要有两个方面：第一，在高校的利益相关者中，政府和高校都是权力的拥有者，两者处于一个强势的地位，但是对于社会、教师和学生们来说，他们的力量较为微弱，话语权存在一定的缺失；第二，应用型本科的实践和应用特点影响着评价主体的建设需要，因为在应用型本科高校中，需要考虑社会和学生未来的发展情况，但是对于教师来说，他们需要担负起执行应用型本科各项职能的责任。

三、以评价指标的分类分块为依据合理构建教师评价标准

我们首先应该针对教学评价标准的要求，分析分类和分块的具体要求。我们所说的分类，就是从具体的内容出发，将应用型本科教师的评价分为三个主要类型，分别是教学评价、科研评价和社会服务评价。培养应用型人才

是应用型本科高校办学的主要目的，在这三种评价比例的安排上，应该详细考虑应用型人才培养的具体需要、课程开展的实际需要等方面，从而做好对教学评价内容的安排，引导科研评价的基本思路，理清社会服务评价的详细思路。我们所说的分块，就是将内容分为不同的模块，在制定和设计不同评价的指标体系时，应该充分考虑不同学科之中评价指标的差异性，并继续考虑学科之间的差异为应用型人才培养带来的影响。所以，我们应该从教师所在的岗位和学科出发，制定差异性较强的评价标准内容。

（一）坚持共性与个性统一的原则设置教学评价标准

1. 应用型本科教师教学评价的共性

在制定本科教师的评价内容时，应该从高校教学评价的基本规律内容出发。本书中认为，在区分应用型本科高校教师和其他高校教师的教学评价时，应该主要关注三个共同之处。

第一，评价教师的教学规范。教师在工作的过程中通常会按照规范的要求行事。对于高校教师而言，教学规范的内容基本上可以分为三个主要类型，分别是教学准备规范、教学过程规范和教学后续规范。其中，教学准备规范主要包括教学大纲与教材使用规范、教学进度安排规范、教案设计规范等；教学过程规范主要包括课堂教学纪律规范等、教学言语使用规范、板书设计与书写规范、仪表教态规范；教学后续规范包括作业批改规范、教学日志填写规范、学生考试管理规范等内容。对教师教学规范的评价，意在判断教师在教学活动中是否能遵循高校教师的基本职业要求。

第二，评价教师的教学行为。教学行为是一种详细的、有计划的行动方式，是教师将教学理念、专业知识内容、专业实践等内容的集合。我们在评价高校教师的具体行为时应该关注教师在教学过程中展现出来的教学风格，教学的具体的方法和技能是否是科学的，输出的教学内容是否能被学生接受，还包括教学管理和教书育人等方面的成效。

第三，评价学生的学业成就。教师应该从学生的具体学业成绩出发，将学生的学业评价划分为三个方面：第一，应该对学生的课堂表现做好综合评估，评估的内容主要包括课堂教学环境、学生是否能够主动参与到课堂互动中，学生能否准确地回答出教师提问的问题；第二，对学生的作业情况作出详细的评价，包括对书面作业内容和实践活动的内容作出评价；第三，评估学生在完成学业之后能否顺利地适应工作内容，也就是说，学生的学习能否通过实践的检验要求。所以，教师在评价学生的学业成就时，主要参考的方面分别是能否适应职业的相关要求、能否在工作岗位上有所成就。

2. 应用型本科教师教学评价的个性

在开展应用型本科教师的教学评价时，不仅要参考其他高校教师教学评价的内容，还要使用能够体现出"应用"特点的详细评价内容。具体来说应包括以下两个方面。

第一，理论教学评价。首先要重视对专业基础知识的掌握情况。专业基础知识是对一门专业课程内基本概念、定理、公式、法则和典型事实的总结，学生如果想在专业领域方面获得长足的发展，就需要加强对专业基础知识的学习。其次，在学生的学习过程中，还应该重视对专业实践知识的使用。在应用型本科的教学评价过程中，应该关注理论课程的实践特性。也就是说，理论知识的建构应该从单纯的知识积累中摆脱出来，在学习的过程中更为关注对学生学习能力、问题解决能力和职业实用能力的培养，最终的目的是发展能够促进学生综合能力发展的培养体系。最后是关注专业知识的更新，保证与时俱进，学习更为先进的专业知识内容。为了更好地符合社会发展对人才的需要，应用型本科在教学的过程中应该关注市场的最新动向，及时根据社会的发展需要，调整应用型本科培养的具体计划。

第二，实践教学评价。能力培养其实是应用型本科实践课程开展教学的重要目标，学术型本科实践课程和应用型本科实践课程都十分重视学生能力培养，但是这两类院校的能力培养存在一定的差异：在学术型本科实践课程中，能力培养的目的是更好地巩固理论知识；在应用型本科实践课程中，能力培养被当作一种教学目标。在本书中，提出的实践相关的教学评价标准，主要包括以下的几个方面。在实践教学中，是否建立了具有整体实效的、不同环节能够相互连接的实践教学体系内容；在实践教学中，是否将学生解决实际问题的能力列入评价之中；在实践教学中，是否建立起一个将学生终身学习和学习能力水平纳入的评价体系；在实践教学中，是否将学生的职业技能作为职业素质的内容之一，这些评价标准对学生适应工作岗位和工作内容起到了良好的促进作用。

（二）依据教师岗位的不同设置科研评价标准

为了协调应用型本科教师的发展过程，将教学和科研的过程统一起来，对于应用型本科教师的综合评价应该从教师的所在具体岗位出发，设置不同类型的评价指标体系。

第一，理论教学岗教师的科研评价。对于在理论教学岗开展教学工作的教师来说，通常将理论课程的学习作为主要的学习任务，为了将教学过程和科研成效结合在一起，提升科学研究的教育性，培养教师为学生综合发展服务的水平，在制定科研评价标准的过程中，应该注重两个方面的设计内容：首先，应该注重更为基本的研究内容，也就是将研究从特定的目的中脱离出来，将研究的精力集中在对事物基本规律的探究中。这种基础性的研究应该是教师专注于自己专业的学术研究。对于从事理论教学工作的教师来说，科研的评价工作应该和课程的教学内容是息息相关的关系。其次，为了解决理论教学岗教师在工作中遇到的实际问题，提升教师的教学水平，教师应该将研究的重点放到对专业基础课程的研究上，这些研究的内容就是博耶论述的"教学学术"相关内容。

第二，实践教学岗教师的科研评价。为了提升实践教学岗位教师的科学研究水平，应将教学的内容和科研的内容紧密地结合在一起。在制定针对实践教学岗教师的科研评价标准时，应该率先关注科研的使用成效，将实践教学岗位的教师引导到对实践教学的关注和研究上。为了提升课程教学的最终成效，在日常的教学中，应该制定和课程相关的教学方法。所以，在制定科研评价的过程中应该对处于实践岗位的教师加以鼓励和支持，使得教师积极参与到对课程教材和教学方法的研究之中。

（三）按照文理工分科的原则设置社会服务评价标准

因为不同学科对应的社会服务功能是不同的，所以对于应用型本科教师来说，社会服务评价应该从学科的基本特点入手。社会服务起到的作用不仅能实现社会的总体发展，也能促进教师个人能力的提升，而且学生在教师的帮助下参与到社会服务的过程中时，学生不仅能对社会产生更为全面的认知，而且还能提升应对社会中各种问题的经验水平，提高为社会服务的成效。所以，在对教师开展社会服务评价时，不仅要重视教师参与社会服务的具体表现，还应该重视教师参与学生社会服务的具体情况。

从评价指标的收集方向出发，我们可以将应用型文科的社会服务评价作为一个典型的案例，并分为以下几个方面：评价教师参与各种非学历教育、培训教育的情况；评价教师到相关基层单位开展继续教育、终身教育的情况；评价教师到对应行业挂职锻炼的情况；评价教师为各级地方政府、社会民众开展政策、战略、文化、法律、生活等咨询活动的情况；评价教师及教师带领学生为社区发展开展各种文艺、法律、卫生、教育等宣传或演出活动的情况，等等。应用型理科与应用型工科的社会服务评价则主要集中在以下几个方面：评价教师参与企业技术开发的情况；评价教师到企业挂职锻炼的情况；评价教师参与企业人力资源培训的情况；评价教师向企业转移技术专利的情况；评价教师向企业推广使用技术的情况；评价教师带学生到企业参加社会服务活动的情况，等等。

第二节　应用型本科高校教师评价制度保障

一、制度之于高校教师评价的重要性

（一）制度可以减少评价活动的不确定性

制度是一个组织的行动代码，它能够清晰地传递信息，告诉每一个组织成员，在从事某项组织活动时，可以干什么，不可以干什么。这也就是说，制度是组织内成员行事的基本依据。制度也对成员的行为作出了界限划分，降低了组织成员行为的不稳定性，并为组织成员未来的长远发展提供了可能。在具体的高校教师评价活动之中，如果我们对制度做好计划和安排，我们也能够对成员行为的功能作出一定的约束，保证整个计划活动能够依照一定规律运行。另外，制度的架构是相当稳定的，能够降低系统内部不同利益相关者对于评价活动的担忧程度，提升内部成员的精气神。

（二）制度可以提供评价活动所需的人力与物力资源

在高校内部，教师评价是一项十分复杂的活动，主要包括系统管理者、教师和学生等多个利益相关者，需要在工作的过程中投入大量的精力。为将评价活动落到实处，评价的领导者们必须从制度架构入手，将不同类型的资源要素共同组织到一个系统之中，便于后续管理。这些资源要素主要包括经验、知识、仪器、设备、资金、人员等方面，我们将其安排到评价活动中，那么资源供给的稳定性就有了保障，从而在一定程度上也保证制度内部的稳定。

（三）制度能保障评价活动中的利益平衡

利益获取是管理活动的重要价值维度。在组织内部，任何一项管理活动的实施或改革，从某种意义上讲都是组织成员（个体或群体）利益的分配或再分配。这种利益既可以是物质层面的，如加薪和颁发奖金；也可以是精神层面的，如口头激励和授予荣誉等。从现实层面看，高校内部有数量众多的利益相关者，对于不同类型的利益相关者来说，他们的需要都各不相同。所以，在资源数量不足的情况下，高校教师们的评价活动不能符合所有利益相关者的要求。在供需的矛盾之下，需要一个能够满足不同主体利益需求的规则，来合理安排利益的分配情况。制度具有明文规定和客观安排的特点，所以制度能够更好地满足不同利益主体对利益的共同需要，如果最终的利益诉求能得到满足的话，那么不同的利益相关者都能达到和谐相处的最终阶段，从而减少冲突，密切的合作。

（四）制度是评价活动实施与改革的重要内容和方法

就内容分析，高校教师评价主要包括对教师教学、科研和社会服务三项工作的评价。在现实情况下，教师对不同工作的评价会涉及各个方面的具体内容。比如，对于教师教学工作的评价，我们可以将其分为三个方面的内容，分别是课堂教学评价、课外辅导评价、教学实习指导评价方面的内容。我们可以确定的是，不管是哪些方面的内容，我们都应该从制度层面出发对内容作出客观的评价。可以这样说，制度是评价内容的基本遵循，也能够将高校中的各项事务整合在一起,制度是高校教师评价过程中最为重视的因素之一。

在开展教师评价的过程中，我们应该使用恰当的方式。如果从现实角度出发的话，高校教师的评价改革有多种方法和手段供我们选择。比如，我们可以对过去的评价理念进行评估、将定性评价和定量评价结合在一起、强化不同类型评价主体之间的合作关系等。但是，不可忽视的是，无论我们使用怎样的策略，我们都应该使用相应的制度对策略作出一定的约束。只有在制度的引导下，评价活动的人员才能够在各自的岗位上发挥各自职能，高校内部的不同组织才能更好地融为一体，而发挥高校组织的协同作用。

二、制度是应用型本科教师评价获得包容性的前提

费埃德伯格的"具体行动系统"虽然强调对行动领域的局部分析，但并非否定正式化规则的作用。评价参与者之间的合作之所以可能，并且能够使合作保持在某种最低限度之上的关键，在于"正式化的重要性"。应用型本科高校教师评价"局部秩序"对这种合作的最低限度尤为迫切，毕竟，无论是对于评价主导方学校还是被评价者教师，都有从评价中获取利益的原始冲动，而这恰恰需要双方的合作。"正式化，也就是成文规则的存在，它不仅可在组织之中找到，而且也是任何行动领域的一种基本特征"①，也是社会互动领域得以控制和稳定的手段。因此，应用型本科高校教师评价"局部秩序"的形成需要借助"正式化"。

（一）筑牢应用型本科高校"高校章程"的基础地位

高校章程是个外来品，它的原型是中世纪教皇或国王颁发给高校的特许状，类似于现代版的办学许可证。高校章程的主要功用是规制高校权力运行，为办学自主权的有效运作提供法律框架。当然，有了章程并不意味着章程内容的完备和执行的全面。章程的制定或许只是满足"应景之需"，解决有无问题，仅是"形象工程"而已，学校实际运行和管理与章程制定之前别无二致。毋庸置疑，建立以高校章程为载体的现代高校制度已经成为国家共识。现代高校制度需要协调两个方面的关系，"在宏观上表现为理顺政府与高校之间的关系，全面理解和把握公办高校作为独立法人所应具有的权力和责任；在微观上表现为理顺高校内部的行政权力、学术权力之间的关系，在党委领导的

---

① ［法］埃哈尔·费埃德伯格. 权力与规则——组织行动的动力［M］张月等，译，上海：格致出版社，2017.

校长负责制框架下完善内部治理结构"①。因此，应用型本科高校教师评价活动属于章程规制与调整的内容。

其一，应用型本科高校的高校章程要搭建学术权力与行政权力"合作治理"的框架。在高校事务的处理中，行政活动与学术活动相互交织在一起，很难分开。部分行政决策作出之前，总要咨询学术委员会的意见；决策后的学术事务又需要借助行政机关和行政人员的出面来完成。应用型本科高校教师评价显然是这类事务的典型。因此，调谐和平衡行政权力与学术权力的关系非常重要，避免两者引发新的对抗，从而形成共生制约、优势互补的"合作治理"模式。这就需要，明确"主辅关系"，即学术委员会的最高学术决策权，对重大决策拥有知情权、建议权乃至否决权，行政权力服从、服务于学术活动，执行学术委员会的决策；廓清职责范围，即划分学术与行政各自的职权范围，让"行政归行政、学术归学术"，做到"井水不犯河水"；健全运行机制，即减少行政权力运行层次，形成扁平化运行机制，下放学术权力给二级学院；搭建沟通协商平台，即应借鉴西方先进经验和制度成果，引入民主协商机制，创建行政权力与学术权力沟通协商平台。

其二，完善应用型本科高校以章程为统领的高校制度体系。任何一个团体，为了进行正常的活动以及达到各自的目的，都要有一定的规章制度，约束其成员，这就是团体的法律。应用型本科高校的高校章程是利益相关者通过民主协商达成合意的制度表达，是高校组织行为的"宪法"，所有行为均应以此作为行动纲领和基本依据。因此，作为应用型本科高校"根本法"的高校章程需要具体的细化与保障，这就需要依"章"建"制"，修改、完善校内制度体系，形成以章程为统率，以教学、科研、社会服务等"部门法"为主干的多层次制度体系，实现对应用型本科高校行为内容的全规制和制度内容的构建。所以，制度的存在是组织成员行为的前提，也是读懂对方行为的依凭，更是确保组织运行的"最低要求"。

---

① 周光礼. 从管理到治理：大学章程再定位［J］. 湖南师范大学教育科学学报，2014（2）：71-77.

（二）健全应用型本科高校学术评价组织

行动者是行动领域中的另外一个"事实问题"，正是由于行动者行为的存在才建构了行动领域。学术评价的路线，行政机关、学术评价组织、被评价者都是构建教师评价"局部秩序"的行动者。

对于学术评价组织，教育部于 2014 年初颁布实施了《高等学校学术委员会规程》，"为推进高校学术管理机构'一元化'设置提供了理论和制度支持"[①]。该文件明确指出，学术委员会是校内最高学术机构这一定位，是积极探索教授治学的有效途径，是负责审议或直接作出决定的事关学校学科专业建设、人才培养、教师职务聘任、高层次人才引进等重大问题的重要机构。同时，在高校学术委员会之下，可以下设教学指导委员会、学术评价委员会等各专门委员会，各教学单位也可设分学术委员会，均纳入学校学术委员会的指导、监督之下。尤为可喜的是，各高校要为学术委员会的运行提供专项经费和场地，为人员作出预算和安排，独立设置学校学术委员会秘书处，确保正常工作的开展。

应用型本科高校的学术评价组织应在构建教师评价"局部秩序"中保持其"学术性"。

其一，保持应用型本科高校学术评价组织的"学术性"，如学术评价组织中"双肩挑"的成员比较普遍。这样一来，学术决策难免带有"行政化"痕迹。如果学术组织成员的学术标签完全被行政化遮蔽，那么，学术组织逃脱不了被行政机关驾驭的厄运，学术评价成为披在行政决策上的"外衣"，代表、维护不了高校学术发展和教师的合法学术权益。因此，应减少乃至杜绝学术评价的行政化，重要的是提高学术组织中无行政兼职教师代表的比例。

其二，坚持应用型本科高校学术评价的发展功能。出于目标完成和管理需要的奖惩性评价容易诱发教师的浮躁、急功近利和过度焦虑，也容易造成

---

① 王务均. 包容性治理：大学内部权力结构的新机制［M］. 南京：南京大学出版社，2017.

教师发展的两极分化。"为促进教师的可持续发展，学术评价应尽可能强调过程性和发展性特征，既评价学术成果，又评价学术态度和行为，以保护教师尤其是青年教师从事学术活动的自尊，并帮助教师查找学术活动中存在的问题。"①

其三，尽量做到学术权力与行政权力之间的制衡。既然学术评价组织中也难免需要行政权力的支应，那么就尽量制衡行政权力与学术权力，首先是合理划清应用型本科高校中学术权力与行政权力的界限以及列出权力清单，做到各行其是、规范运行。以教师岗位聘任为例，可将评价组织分为行政事务组和学术评价组，岗位指标的总量和分配由行政事务组掌控，后者承担评价标准、成果认定和确定评价结果等相关事宜。事实上，在应用型本科高校的实际运行中，完全做到行政权力与学术权力之间的制衡是相当困难的，原因在于其内部治理的碎片化。

三、民主参与是践行应用型本科教师评价制度的关键

费埃德伯格认为，正式结构从来都不可能对组织做到完全绝对的控制②。换言之，正式结构也只是为教师评价"局部秩序"的形成提供了可能，这依赖于教师评价参与者的组织能力，同时还有评价参与者在评价合作与冲突实践中"他们所能够运用的认知技能与关系技巧"，这种"认知技能与关系技巧"需要通过民主参与来实现。

实际上，教师评价的参与者都有理性选择能力，或者是利益计算能力。但是，深究起来，这种理性有局限性，如认知的局限、感情的局限、文化的局限等。所以，"有限理性"是教师评价参与人在教师评价"局部秩序"中的真实写照。这也就决定了评价参与人在作出行为决策时，其行为体现不同的

---

① 刘国艳，曹如军. 文化视野中的大学教师学术评价研究 [M]. 南京：南京大学出版社，2017.
② [法] 埃哈尔·费埃德伯格. 权力与规则——组织行动的动力 [M]. 张月等，译，上海：格致出版社，2017.

特征，有的参与人行为会屈从于功利理性，只要评价结果遂人意，其他一切都是"浮云"；有的行为选择价值理性，只唯"学术至上"，对评价结果"无所谓"；更有的行为表达的是情感理性，这些是评价中胡搅蛮缠式的非理性行为。因此，要调整应用型本科高校诸种不同形式的理性行为，需要教师评价的民主参与。

推动应用型本科高校中评价参与者的有效参与，这里的有效参与主要面向三个群体：首先是被评价者本人。高校教师是知识人，也是社会人，有对物质的冲动，也有对精神的追求。从关注高校教师精神诉求出发，开展民主平等、协商理解、合作交流的参与方式。在评价准备阶段，邀请高校教师参与评价调研、标准制定、内容推敲、程序设定等活动；在评价实施阶段，教师不是被评价的"鱼肉"，而是"有限理性"的人，这就更需要从材料提交、成果认定等方面全程参与，而不是被动地提交佐证、等待被计算之后的分数；在评价结果反馈阶段，被评者和潜在被评价者都应知晓评价结果，并针对评价标准或方案提出个人看法,这些都需要学术评价组或行政评价组予以反馈。其次是评价主体.评价主体指的是各级学术评价委员会以及相关专门委员会。学科评价不同于行政评价的根本在于学术性与专业性。只有充分将各学科专业权威吸纳到评价主体之中，才能高质量完成教师评价活动。为此，应用型本科高校评价主体的权威既要有学术专业性也要兼备代表性。当然，在评价中，学术委员会虽然身居高位，但不能越俎代庖，如将应该由教学评价组评价的事宜不由分说地代为办理。最后是利益相关者。高校教师评价虽然评价的是被评价者，但是利益相关者的参与更能提升评价活动的公平性，为教师评价顺利开展营造良好的舆论环境，保障评价的有序开展、顺利进行。在国家政策引导和社会形势迫使下，改革始终是教师评价的常态。因此，"在改革过程中，学校管理者要避免自己成为教师评价改革的独行者，要使评价改革获得最广泛的支持，就必须考虑所有利益相关者的利益，同时争取各种利益相关者的共同投入、共同实践。从实践层面来看，为促使利益相关者的共同参与能落到实处，高校就必须在制度上予以规范，通过合理的制度设计来为高校内、外部利益相关者的参与活动提供充分的资源保障，创设良好的运行平台"①。

设置应用型本科高校的"自下而上"评价程序。行政主导下的教师评价明显属于"自上而下"评价模式，即使做到了行政与学术的严格分工，在评价上依然沿着"上令下达"程序模式，只不过是发号施令的主体由行政部门变成了学术组织。在这一点上，国外的经验值得借鉴。以美国密苏里高校为例，教师评价程序是，被评价者选择校外专家并向学校学术委员会提交名单；校学术委员会将根据学术地位、学术道德、学术成果等标准选定校外评审专家。如果对审核结果有异议，所有被评价者均可申诉，如申诉成立，校学术委员会将启动再审程序，这一程序充分体现了被评价者民主的参与程度。因此，对于应用型本科高校而言，吸纳这种"自下而上"优点的做法是，将教师评价重心下移，由二级学院或相应学科组负责评价指标体系的运行，承担具体教师评价工作，至于专家的选择可采用域外做法；而学校层面则宏观把控评价目标、原则和标准，督导评价过程，处理评价争议问题。如此一来，既可减轻学校学术组织评审负担，也可提高基层学术组织和被评价者参与度。

完善应用型本科高校教师评价回避程序。充满人情的中国社会有温情脉脉的一面，也为大众徇私纵情提供了口实。因此，在教师评价中，如果评审专家与被评价者有利害关系或者存在其他影响评价公正的关系，那么，回避是保证教师评价过程和结果的公正性的必然之选。不过，现行回避制度存在回避制度缺失、回避对象狭隘、程序粗放和监督机制不健全的问题。回避是教师评价结果公正与否的程序选择。有利益关联的评审专家即使在评价过程中做到了公正，但是这一评价程序上的瑕疵也难以说服被评价者和其他利益相关者。所以，这就需要从评价专家信息完善、扩大回避范围、强化回避程序和健全回避监督上下功夫。不过，在笔者看来，应用型本科高校教师评价很难做到评价的完全回避，毕竟评价对象与评价主体之间本身就是同事甚至

---

① 刘国艳，曹如军. 文化视野中的大学教师学术评价研究［M］. 南京：南京大学出版社，2017.

同学关系，再说完全邀请校外专家的评价方式由于成本过高，也不易全面推行。对应用型本科高校来说，较为可行的回避方案是详细列出评价专家回避的理由，如亲属关系；在程序上采用评审专家公示，如有异议可直接申诉；采取校外评价与校内评价相结合模式，进一步完善评价回避程序。

四、文化形塑是推进应用型本科教师评价制度的动力

实际上，还有一种力量在"默默"地左右着教师评价"局部秩序"的形成，就是文化环境。"组织受到复杂的环境的影响，会改变其结构或行为，但也能够创造性地和策略性地应对环境的影响意图，选择包括遵守、妥协、回避、重新界定、反抗、操纵等应对策略。"[①]在应对环境压力时，组织颇有一种无力、无助感，除了机械地应付之外，貌似并没有更高明的应对之举。不过，在后来的组织理论中，组织与环境之间这种关系已被颠覆，组织在与环境的相处中不再被动，而是多策略地与其交流互动。"组织现象建构一种局部的、暂时的秩序，如其所做的那样，它始终将自然与文化、结构化的特征与自发突然的特征、强制与契约、意图与或然性混合在一起，叠置在一起。"[②]

应用型本科高校教师评价中的制度或程序都是组织"规则机制的可见部分"，这些内容以其正式化和法规化特点外显于评价参与人或评价利益相关者，这不仅与高校办学总目标相关联，且内部各规则之间相辅相依。仅有刚性制度和硬性程序尚不足以构建"局部秩序"，还取决于"参与者对规则的认知程度和内化程度"。也就是说，评价参与人对教师评价制度或程序的内在理解，这种理解决定了其参与评价活动的意志力和对评价结果的认同度，而达致这种理解需要借助文化的塑造。因此，应用型本科高校包容性教师评价仍需在与评价有关的组织文化上加大力度。

第一，以内部管理去行政化，强化尊崇学术的高校文化。所谓高校管理

---

① 王务均. 包容性治理：大学内部权力结构的新机制［M］. 南京：南京大学出版社，2017.

② 费埃德伯格. 权力与规则——组织行动的动力［M］. 张月，等译. 上海：格致出版社，2017.

的行政化，主要指在高校内部管理过程中，行政权力居于主导地位，高校管理染上了浓厚的行政色彩。从组织学角度来看，行政机构的组织特点主导了应用型本科高校内部的管理运行。那么，高校内部管理的去行政化，实际就是要解决高校行政运行的"遵循"与"归宿"问题。应用型本科高校的教学、科研、社会服务三大职能明晰地说明了高校职责，以创造、传播和使用知识为己任，而这一切落脚在学术进步上。当然，"行政"与"行政化"迥然不同，前者是组织分工，后者是职能异化。因此，"内部管理去行政化"是去"化"而非"行政"。具体而言，在应用型本科高校行政管理中，行政系统工作的立足点是学术进步，尊重学术权力，强化学术导向，淡化行政利益，始终正确定位行政在高校终极目标实现中的位置。再有，应用型本科高校行政重心服务于从事学术活动的主体教师。在其教师评价中，要有甘为人梯的奉献精神，以造就有利于高校发展的大师、名师。总之，应用型本科高校"内部管理去行政化"，通过将"异化"组织"正常化"，目的是为教师评价提供良好的内部环境，所保障的不仅是被评价者的利益，还有行政系统成员的利益。

第二，培植包容文化。在应用型本科高校教师评价中，不仅行政权力与学术权力之间，被评价者及利益相关者之间也有着不同冲突和矛盾，塑造和谐包容的高校文化不失为调解纠纷的一种有效途径。在应用型本科高校的包容文化中，利益包容是根本。有了利益上的包容，组织秩序创建才有了前提。这就需要"建立公开透明的利益分配机制、充满关爱的利益协调机制、健全利益增长的保障机制，畅通利益表达的渠道和代表机制，做到利益分配公平公正，鼓励所有高校成员参与利益创造，实现利益增长的期望"[①]。心理包容是支撑。按照心理学的分析，包容是人有修养、高品质和性格成熟的表现。心理包容指的是对意见有别或职责有分的人之间的区别有容纳能力和认同度，这直接决定了人的心智。从高校层面上，需要畅通组织内各类岗位人员晋升提高的渠道，岗位虽不同但工作标准几近相同；从教师层面上，需要将

---

① 王务均. 包容性治理：大学内部权力结构的新机制［M］. 南京：南京大学出版社，2017.

眼光放得长远，不应嫉贤妒能，要有大格局。价值包容是彼岸。价值包容意味着教师不仅要关注他人与高校，还要将视野延伸到人和人类社会，对不同事物的看法和理性评价。因此，应用型本科高校的被评价者要将个人发展与学校目标、国家需求结合，历史性和辩证式看待评价中的个人成绩、贡献及学校发展。

第三，厚植诚信文化。教师评价不单仅指成果评价，也是学术道德评价。学术道德是指从事学术活动的主体在进行学术研究、学术评价、学术奖励等活动的整个过程及结果中处理个人与他人、个人与社会等关系时所应遵循的行为准则和规范。早在 2016 年教育部就颁行了《高等学校预防与处理学术不端行为办法》，时至今日，学术不端行为仍然屡禁不止，这也凸显了惩戒和预防学术不端行为的重要性。显然，应用型本科高校教师评价中应注重加强对学术道德的评价。高校教师学术道德的内容包含学术态度上严谨朴实的求真精神和业务上谦逊真诚的研究精神以及兢兢业业的务实精神。实际上，高校教师兼具学术道德被评价者和评价者双重身份。在教师评价时，是以被评价者身份出现的；在各种项目、成果评审时，又是评价他人学术道德的评价者。因此，对高校教师学术道德的考察，不应只有对教师从事学术研究、学术传递与学术应用等活动中所涉及的情感、态度、价值观的考察，还应包含学术评价道德的考察，对于违反学术评价道德，在评价中徇私舞弊、违背自己学术良心的行为要坚决加以遏制。

开展诚信教育，除了日常的诚信讲座、警示教育等活动之外，应用型本科高校诚信教育还应从建章立制上下功夫。首先，应该建立学术诚信管理体制，制定规范学术诚信活动的规范性文件，确保诚信管理活动有据可依。以学校科研处或学术委员会秘书处为依托，成立学术诚信管理机构，负责对诚信的督导、受理申诉、处置学术不端行为。其次，借鉴银行业的征信记录，为教师建立学术诚信档案，对每个成果、每篇论文等记录在档案中，判断是否符合学术道德规范要求，同时，对参与学术评价活动的表现，也可在诚信档案中予以表扬。另外，按照分级管理模式，给予不同教师的学术道德予以认定不同的级别，以此作为教师评价中学术道德评价的主要依据。最后，教师个人须加强道德自省。单凭高压的制度是难以提高道德修养的。按照圣人所述"修身养性以成仁德"的教诲，经常反思以求己，加强内心修炼，同时躬身实践强化道德信念，进而渐至学术道德的完善。

第三节　应用型本科高校教师评价制度实施路径

一、我国应用型本科高校教师评价制度的历史回顾

从历史嬗变和基本内涵来讨论应用型本科高校教师评价的"发生"与"根本"，可促使我们对我国高等教育发展现状进行有价值的反思，使我们从理论上对应用型本科高校教师评价获得一种全面的认识。

教师评价制度作为高校师资管理的基础制度，承载着深化高校教师队伍建设、激励教师提高教学与科研水平等重要功能。从这种意义上说，应用型本科高校的教师评价制度在制度环境、制度制定及制度结构上都鲜明地嵌入在国家、社会、政府、高校等多重背景中。

通过对应用型本科高校的教师评价制度产生、发展、变革过程的历史检视，透视制度变迁的轨迹与方向，关注其变迁过程中"国家、社会、政府、高校及个体间的叠合、共振、融合，以解读多重制度逻辑中的教师评价政策的内生性过程，厘清位于政策背后的宏观制度逻辑与微观群体行为之间的联系"[①]。故而，以历史维度和社会学的分析视角回溯应用型本科高校教师评价的制度变迁，以时间序列为逻辑基点展现制度的复杂态，系统爬梳应用型本科高校教师评价制度的变迁轨迹与发展历程，可为应用型本科高校教师评价

---

① 周雪光，艾云. 多重逻辑下的制度变迁：一个分析框架［M］. 中国社会科学，2010（4）：132-150，223.

制度提供一个良好的分析框架。

（一）从行政任命制到评审制

1. 教师评价制度的政治化阶段

新中国成立初期，百废待兴，高校教师评价体系的构架并未提到议事日程。各高校一般沿用民国时期的教师评价制度，国家也仅通过行政规章、部门文件等指导高校教师评价工作。自1954年1月《关于教师升等及干部管理问题》公布起，《关于修订教师升等问题的补充通知》等一系列针对高校教师职务晋升问题的文件随即相继发布。

直至1960年，国务院颁布《关于高等学校教师职务名称及其确定与提升办法的暂行规定》《关于执行〈国务院关于高等学校教师职务名称及其确定与提升办法的暂行规定〉的实施办法》《关于高等学校教师职务提升工作问题的通知》等一系列文件，将教授、副教授、讲师、助教定为高等学校教师的四级"职务名称"，对教师职务评价晋升的主要依据和职务晋升的程序等作出明确规定（"副教授职称由高校报请所在地省级教育行政部门批准，教授职称必须报请省级教育管理部门核定后转教育部审批"）。由此，行政任命制成为高校教师评价的主要形式。

2. 教师评价制度的规范化阶段

1977年9月，《中共中央关于召开全国科学技术大会的通知》《关于高等学校恢复和提升教师职务问题的请示报告》等一系列文件积极响应落实党的知识分子政策，通过关联制度对高校教师评价内容、评价方法、评价程序等作出细致规定，对教师工作量制度、考核制度、运作方式等诸多的制度安排极大地推进了高校教师评价制度的贯彻落实。在此阶段，各省、自治区、直辖市教育主管部门成为高校教师评价工作的重要组织者和推动者，职称评审委员会和学科评审组相继建立，专家、学者也成为高校教师评价工作的主要参与者，评价标准渐成体系，评审制是这一时期高校教师评价的主要工作方式。

从新中国成立前的"以吏为师"和"高校自治"到新中国成立后的任命制和评审制，我国高校教师评价政策流变是多重制度逻辑博弈和冲突的结果。其中，国家是教师评价制度变革的第一个权力中心。政府机构为高校教师评价工作提供了诸如拨款、评价模式等大量政策支持，然而，由于高校教师评价是一项涉及多部门的系统工程，单项政策的实施并不能真正改变教师评价的系统模式。在这一时期，政府作为制度的供给方，将权力结构延伸至高校教师评价中，成为高校教师评价的主导者。而高校作为被动的受控制方，无条件接受政府对教师的任用、晋升等方面的管理。与此同时，社会作为高校教师评价制度变革的第二个权力中心，与教师评价变革相互共生、同频共振。依据制度学派的观点，高校教师评价的制度变迁是在一个更大的社会与权力结构场域中发生的。社会的政治、经济状况的关键节点也成为制度变迁的关键节点，无时无刻不在影响着教师评价的行动逻辑。此外，文化—认知也在高校教师制度流变中起着举足轻重的作用。这表现为，先存的"心智构念"形塑了高校教师对评价制度变迁的理解。即高校内部各利益主体对能为其带来差别性权利的财产、待遇、等级的认知程度的不断提高，使高校教师评价政策的实施呈现出多元复杂的执行图景。如此，当政策环境与高校教师热切期盼职务评定的愿望不谋而合时，必然会出现高校教师评价实践中的快速发展。

毋庸置疑，1976年后的高校教师评价制度由行政任命制转向评审制，仍是计划经济体制下的制度安排，高校教师评价实质上属于"身份评审"。之所以言说为"身份评审"，原因在于：其一，"高校教师评价的职务级别是教师个体学术水平和能力的象征"[①]。在没有严格岗位限制的前提下，高校教师达到一定的学术标准和条件就可以得到职务晋升。其二，高校教师的职务没有任期限制。即教师职务终身拥有，且工资、待遇等成为其附加价值。如此，"身份评审"评价制度的长期运行有效降低了高校评聘教师的单位成本，在一

---

① 叶芬梅. 当代中国高校教师职称制度改革研究［M］. 北京：中国社会科学出版社，2009.

定程度上提高了评聘效率，为制度的持续运行提供了保障，以国家为主导的高校教师评价制度保持了较大的惯性，使得"终身制"的教师评价制度进入锁定状态。

（二）从聘任制到绩效考核

1. 教师评价制度的法治化形成阶段

处于"身份社会"中的高校教师与学校之间具有特定的依附、隶属关系，教师只有与学校捆绑在一起才能享有社会资源（如个人收入、福利、医疗等）。鉴于此，为克服"身份评审"的路径依赖，必须引入外来变量以消除高校教师评价制度的自身缺陷。

1986 年 2 月，国务院颁布《关于实行专业技术职务聘任制度的规定》，昭示了我国专业技术职务评聘制度的正式实施。随后，《高等学校教师职务试行条例》《关于〈高等学校教师职务试行条例〉的实施意见》《高等学校教师职务评审组织章程》《关于高等学校继续做好教师职务评聘工作的意见》等文件与《中国教育改革和发展纲要》《中华人民共和国教师法》《中华人民共和国教育法》等教育法律法规的相继颁布，共同构成实施高校教师聘任制度的基本框架。由此，高校教师评价进入新的法治化阶段。在这一时期，各高校均根据自身实际情况，不断地探索、完善自身教师评价制度。诸如，教师评价工作由主管校长组织人事、科研、教务等部门具体实施。其中，人事部门负责教师的职务聘任、职务晋升和年度考核，教务部门完成教师教学质与量的考评，科研部门考察教师的科研业绩；评价内容由重教学业绩转向教学工作、学术论文、承担项目等并重；教师职务晋升强调"三定一聘（定编、定岗、定责和聘任制）"等。

2. 教师评价制度的科学化探索阶段

20 世纪 90 年代后期至今，是高校教师评价制度改革的纵深阶段。1999年 9 月，教育部下发《关于当前深化高等学校人事分配制度改革的若干意见》，强化岗位聘任，淡化身份评审。2000年9月，中组部、人事部、教育部联合下发《关于深化高等学校人事制度改革的实施意见》，明确要求按照"按需设岗、公开招聘、评定竞争、择优聘任、严格考核、合约管理"的原则全面推行聘任制度。随即，《中组部人事部关于加快推进事业单位人事制度改革的意见》《人事部关于在事业单位试行人员聘用制度的意见》《中组部人事部教育部关于深化高等学校人事制度改革的实施意见》《人事部教育部关于深化中小学人事制度改革的实施意见》《人事部事业单位公开招聘人员暂行规定》等文件相继出台，有效激发了各高校的教师评价制度改革的热情。2003年12月，《中共中央国务院关于进一步加强人才工作的决定》要求"完善各类人才评价标准，克服重学历、重资历，轻能力、轻业绩的倾向"。2007年5月，《关于高等学校岗位设置管理的指导意见》《教育部直属高校岗位设置管理暂行办法》对聘后管理作出具体要求的同时，提出按照不同学科特点和岗位差别建立融品德、知识、业绩等为一体的绩效导向的考核评价方法，实行"有固定期限聘任"和"无固定期限聘任"两种不同的教师职务聘任模式。在制度变迁的关键节点上，高校从国家教育主管部门手中接过学术管理的"接力棒"，高校与教师间的支配关系由此形成，高校与教师之间的契约关系正式建立。在契约社会，政府下放权力，高校自主用人，高校教师由"国家干部"变为自由择业的"雇员"，高校教师评价逐步由行政导向的集权控制向学术导向的分权管理转变。

单一性的办学模式与多样化的社会需求产生了矛盾，地方高校亟须重组和重新定位。为解决这一矛盾，教育部提出本科高校应积极向应用型本科高校转型，国家对应用型本科高校的转型发展和构建现代职业教育体系的愿望不断增强。2013年年初，地方本科高校转型发展和应用技术高校改革试点的战略研究工作由教育部启动，吸纳了13个省（自治区、直辖市）33所地方本科高校及多个科研院所参与此项研究，应用技术高校（学院）联盟、地方高校转型发展研究中心由此成立。该联盟的成立使我国应用技术类高校拥有话语权的同时，宣告了我国大力推动应用技术类高校发展与变革的开始。这既是对我国当时经济发展与产业结构调整的回应，又是高等教育进入大众化进程后地方高校对办学定位的积极探索。与之相呼应，自 2013 年起，国家下发了"若干意见"就加强和规范高校教师考核评价制度、深化人才评价机制改革提出系列要求，这恰好为"应时而生"的应用型本科高校的教师评价提供了"制度蓝本"，为应用型本科高校教师评价制度改革埋下了伏笔。不容置疑，应用型本科高校具有高等教育的一般属性，却又不同于高等教育中研究型、职业型等高校的特质。

2016 年 8 月，教育部正式出台了《关于深化高校教师考核评价制度改革的指导意见》（教师［2016］7 号），明确要求"各高校要把教师考核评价制度改革工作摆在学校改革发展的重要位置，列入重要议事日程抓实抓好。"为了进一步推动深化高校教师考核评价改革，2017 年 8 月 5 日，教育部公示了《高校教师考核评价改革示范校遴选结果》（以下简称示范校），中国人民大学、北京交通大学等 40 所高校入选示范校，以期通过示范校的改革引领其他高校的工作推进。各地教育主管部门也积极响应，如江西省、湖南省教育主管部门分别针对当地实际情况出台了"高校教师考核评价实施意见"。2018 年 7 月，中共中央办公厅、国务院办公厅印发了《关于深化项目评审、人才评价、机构评估改革的意见》重申"科学设立人才评价指标，突出品德、能力、业绩导向，克服唯论文、唯职称、唯学历、唯奖项倾向，推行代表作评价制度，注重标志性成果的质量、贡献、影响"。2020 年 10 月 13 日，中共中央、国务院印发《深化新时代教育评价改革总体方案》提出五条关于"改革教师评价，推进践行教书育人使命"的重点任务，特别是高校教师的科研评价方面应"突出质量导向，重点评价学术贡献、社会贡献以及支撑人才培养情况，推进人才称号回归学术性、荣誉性"。至此，高校教师评价已经融入教育评价改革的整体方案中，岗位的核心是体现教书育人、社会贡献，考核的重点也由重视数量向重视质量发展。

从当前的形势来看，相对于完善的研究型高校教师评价制度而言，应用型本科高校的教师评价制度建设从评价标准、评价内容、评价方法到组织体系内部的"组织标杆"都还在初步探索与建设中。制度学派的观点认为,组织形式和实践"标准化的根源不是竞争,而是处于支配地位的专业精英散布一种专业规范标准权力之结果;是管理者模仿那些取得了显著成功的组织形式之结果的自然倾向之结果,是政府强制其他组织遵守其要求的权力之结果"①。据此,一个最为可行、最易操作的路径就是,利用组织原型或组织基模为应用型本科高校教师评价提供一个有用的示范和模板,为应用型本科高校教师评价实践提供参与的认知和理解框架。

应用型本科高校盲目抄袭学术型高校教师评价政策,并没有因自身的应用型定位和地方高校的性质凸显自身价值判断,并没有从应用型人才培养的特殊目标出发去构建异于学术型高校等普通高校、体现自身特殊需求的评价体系。诸如,制度定位与应用型本科高校定位相背离、教学评价与科研评价相互割裂及评价方法失当等问题屡见不鲜,效率主义与科学主义倾向严重。如此一来,"试卷雷同"的结果将导致其教师评价体系的目标导向与应用型本科高校的建设目标相背离,这严重制约应用型本科高校的发展。因而,应用型本科高校教师评价的"应用逻辑"与"学科逻辑"如何从"排斥性垄断"走向"包容性共生",舍弃政策的惯性,推动两种制度逻辑的包容性发展,是应用型本科高校教师评价成功走向制度化的需索与吁求。

制度是一组约束个人社会行为,调节人与人之间社会关系的规则。因此,从本质上看,高校教师评价制度也是调节人与人之间社会关系的准则。进一步来讲,应用型本科高校教师评价制度同其他社会性制度一样,是政府配置教育资源和管理高校教师的一项公共政策,其评价体系的制定同样是在利益矛盾冲突条件下的一种公共选择过程。这样一来,不同制度逻辑之间的竞争与矛盾充斥在应用型本科高校教师评价的话语、结构、观念以及制度安排之中,增加了制度建构的复杂性与不确定性。基于此,本书用社会学的方法回溯我国应用型本科高校教师评价的制度变迁历程,发现我国教师评价制度经

---

① 鲍威尔,迪马吉奥. 组织分析的新制度主义 [M]. 姚伟,译. 上海:上海人民出版社,2008.

历了从一般到特殊、从特殊到科学的演变过程，将注意力从制度本身转向制度的起源、背后的理念和实现方式，并将其教师评价的制度建构置于从近代到当代的历时长久的联系之中。

二、应用型本科高校教师评价的实体制度构想

所谓实体制度，即是关于人们行为之规范、行动之标准的制度集合。教师评价的实体制度，即教师评价的基本文本依据。在教师评价体系中，实体制度首先是教师评价决策系统的目标所指，构建并运行应用型本科教师评价决策系统的主要目的，就是为了产生或修正教师评价的实体制度；其次，实体制度还是教师评价操作系统的行动指南，为增加评价活动的确定性，防止在评价实践中出现盲目性、随意性和相互推诿责任等问题，必须把相关内容用书面文字的方式加以确定和公布，使其上升到"法理"的高度，成为在操作层面上规约所有评价者与被评价者的行动准则。因此，对现行实体制度提出变革设想，是应用型本科教师评价体系改造的重要组成部分。

（一）实体制度的设计原则

1. 评价目的的多元化

由人性视角观之，人的需要具有复杂性和层次性。高校教师在其岗位上工作的时候，他们的诉求和需要是多元的。教师期望的不仅是做好本职工作，拥有一定的晋升空间，还希望能够获得较高的劳动报酬，使得自己的职业活动能够满足自身的精神和生活需要，在劳动中收获精神的愉悦。应用型本科现行教师评价文本制度过度追求奖惩性目的而忽视发展性目的，过度重视物质奖惩而又轻视精神奖惩等发展趋向，在事实上窄化了教师评价目的的内涵。

目的是行动的先导，鉴于教师评价实体制度中目的单一化问题，本书把评价目的的多元化作为制度设计的首要原则。具体说，这一原则有三重含义。

首先，奖惩性目的依然是应用型本科教师评价的重要取向。在物质资源仍相对紧缺的前提下，高校教师必然会具有"经济人"特征，物质利益趋向始终是推动教师努力工作的基本动力，何况在市场经济体制下，"按劳分配，多劳多得"本就是我国现行分配制度的基本原则。值得注意的是，奖惩性目的所意指的奖惩，不是物质上的奖励和惩罚，高校教师群体拥有着丰富的知识资源，决定了其在职业劳动中十分重视"社会人"的角色，关注自己在社会中处于哪一层级，自身在社会中的价值是如何的，以及自己在社会中获得的情感价值水平。因此，应用型本科的教师评价制度设计在重视物质奖惩的同时，应积极关注精神层面的奖惩。

其次，教师评价制度要充分彰显教师发展的价值。在应用型本科高校，借助评价对教师实行"奖优罚劣"，并不是教师评价的终极性目的。高校管理者之所以把教师评价作为一项经常性的管理措施，根本目的是借助评价，对不同类型的教师产生激励，并在评价的帮助下对教师的具体情况作出一定的分析，使得教师们都能够对自身的工作产生全面的认识，纠正教师发展的具体方向。

最后，教师评价的目的还应走出狭隘的"教师个人"视野，要将教师的评价和学生的个人发展结合在一起，使得教师能够从根本上理解"奖惩—教师发展—学生发展—学校发展"这几个关系中存在的关联，把学生发展和学校发展视为教师评价更深层次的目的。在教师评价的帮助下，教师能够将学生和学校的需要为根本的发展目标，并达到组织和个人的协同共赢状态。

2. 制度设计的动态化

高校之治，应如"良医用药，病万变，药亦万变"。应用型本科的教师评价实践，从以下三方面对评价制度提出了动态化要求：第一，在我国，以应用型本科定位的高校作为高等教育大众化背景下高校由发展变革而致类型分化的新产物，其内部的发展定位、学科专业、师资队伍等诸多要素，尚处于不断的自我调适状态；第二，在高校外部，信息化时代下瞬息变化的外部环境，时时刻刻对应用型本科高校的走向提出新要求；第三，过于僵化的评价制度易使教师落入制度逻辑的陷阱，教师长久处于特定的制度框架下，会形成固定的行为习惯，并对此产生严重的路径依赖。由此可见，应用型本科在教师评价实践中，既要保持评价制度的相对稳定，又要坚持制度设计的动态化原则，以追求制度稳定和变化的统一，来推动制度体系的可持续化发展。

3. 理性对待制度中涉及的经济因素

经济因素与教师评价的目的、内容、效率紧密联系，合理对待制度中所涉及的经济因素，是实体制度设计无法回避的一个基本原则。

第一，理性处理评价目的指向中的经济因素。当前，以应用型本科定位的高校对教师大多采用岗位目标管理模式，以年度为限，教师在年初根据自身职称及以往工作业绩，申报享有不同津贴的工作岗位，接受相应岗位的教学、科研任务，学校相关部门及二级学院则在年末对教师进行工作绩效评价，并把评价结果直接与教师的津贴挂钩。从现实情况看，一味地把评价与经济措施挂钩的做法，虽然会在一定程度上发挥激励教师的作用，但却漠视了教师心理安全的需要，导致部分教师在申报岗位时不考虑自身的工作实力，盲目高报，给今后的工作带来极大的心理压力；教师也会开始盲目地追求功利，还有一些教师为了提高自己的评分，使用一些不正当的竞争手段,这样的行为不仅不利于教师之间形成良好的公平竞争习惯,还会助长不良的学术风气。为此，笔者认为，在评价制度设计中，首先，可考虑建立教师基本津贴制度，为不同职称的教师规定能较为轻松完成的最低绩效评价指标；其次，为鼓励教师积极进取，还应该为工作任务完成情况优良的教师建立绩效奖励制度。这样既有利于减缓普通教师的工作压力，又可以有效保护优秀教师的工作积极性。

第二，理性处理评价制度的交易成本问题。在我国，有些高校负债已是一个有待解决的问题，以定位于应用型本科的高校的现有经费收支状况，实是难以承载更多的教师管理费用。而且从实践层面看，评价活动的有效性也并非与其交易成本呈正相关，我国耗费高昂的本科教学评估改革就曾被一些专家学者批评为"代价过大而收益甚小"。因此，在评价制度设计中，应用型本科不应只为追求评价的客观性，而过分强调制度的细节性，以致制度的操作繁琐复杂，造成人力、物力、财力耗费巨大。

第三，理性处理社会服务评价中的经济效益问题。为社会服务，是应用型本科突出"应用性"的应有之义，也是应用型本科能在现行高等教育系统中谋求自身地位的重要砝码。由此，以应用型本科定位的高校要走出纯粹追求经济效益的误区，在教师社会评价的制度设计中，既要关注教师社会服务的经济价值，更要关注教师的社会服务工作在促进公众素质、满足民众精神文化需要等方面所发挥的社会效应，能在评价制度上大力拓展教师社会服务的内容和范围，从而引导不同学科专业的教师，能以自身的学术优势为依托做好社区服务工作。

4. 评价内容的整体化

应用型本科是高等教育系统的有机组成部分，承载着应用型人才培养、发展科学、直接为社会服务的功能，而应用型本科教师则是上述三大职能的主要践行者，要在教学、科研和社会服务等各项工作中发挥自身的应有职责。与其他类型高校相区别的是，以应用型本科定位的高校，学校内部教师们承担的职能，都是基于"应用"这一定位来安排的。所以，标题所说的整体化，实际上是应用型本科院校应该从应用型的实际要求出发，从教学、科研和社会服务相综合的整体情况出发，并依据整体、和谐的原则，对评价的内容进行设计。笔者认为，评价内容的整体化要求，实际上是为了符合应用型本科教师三个职能之间存在的逻辑。只有从教师的不同职责出发进行整体化的设计，才能解决教师个人精力不足和个人负责的工作内容过于宽泛的问题；只有从教师的职责出发，才能够在保持教师专业发展水平的基础上，实现"术业有专攻"的目标，提升学生的进取心，使学生在个人层面上获得良好发展。

5. 评价方法的简约化

如前所述，我国应用型本科现行的教师评价制度设计，大多采用量化评价的方法。常使用复杂的计算过程，并对教师的工作绩效进行排名，并详细显示不同教师之间差距的大小。事实表明，这种量化的方法并没有被评价者认可，反而造成了评价的不公平。所以，本书认为，在评价制度中，应该从简约化的角度出发，制定评价方法的细则。

我们可以从两个层面分析简约化的含义：第一，要破除目前存在的定量评价为评价基本标准的做法。虽然定量评价的优点较为突出，即结果较为精确，但是结果的精确不意味着结果等同于事实，所以在很多时候，过度的精确会导致评价的公平性产生较大的负面影响。第二，要在评价的过程中引入模糊评价。教师的劳动事实上是一个创造性较为突出的劳动类型，所以教师的劳动评价也受到评价指标的较大限制。所以，在本书中，笔者认为，在设计评价制度的过程中，评价者应该明确的是评价的基础内容和基本的评价方法，不能够让评价者根据评价指标机械地开展评价的活动。在实际的评价过程中，应该改变目前的将教学评价完全统一为"量表化"的做法，在为评价者设定教学的参考物时，应该提前确定好价值判断的标准，才能够有利于评价者作出更为全面的评价。

（二）实体制度的内容设计

1. 实体制度的总体框架

（1）以年度为时限设计教师评价制度

为秉持稳定与可变相结合的原则，应用型本科高校应以年度为时限，对常规性的教师评价制度进行设计或调整。为此，学校教师评价委员会应在每年度的 12 月底前结束来年教师评价制度的设计或修订工作，并由各学院将调整后的教师评价制度公开发布，使每一位教师能清楚了解新制度的具体内容。学校还应为原有制度的适用时限建立过渡期，一般说来，这一过渡期为三个月到半年。这样通过新、旧制度之间的自然过渡和衔接，给予教师一定的心理调整期，同时满足教师劳动转化为绩效成果所需的时间要求。

（2）确立教学评价的优先地位

以应用型本科定位的高校大多归属教学型高校，培养人才在学校的三大职能中具有突出地位，教育教学质量是应用型本科生存发展的生命线。因此，在教师评价的内容设计上，应用型本科首先要确立教学评价的优先地位，而在教学评价之后，科研评价与社会服务评价的重要性大体处于同等地位。在涉及职称晋升等重大综合性评价中，教师教学工作的评价应被视为关键性的指标。

（3）强化教学评价与科研评价的有机联系

为强化教学、科研之间的有机联系，鼓励理论教学岗的教师在从事理论课程教学的同时，积极开展与任教课程密切相关的基础研究；鼓励实践教学岗的教师在从事实践课程教学的同时，积极开展与任教课程密切相关的应用研究和开发研究，校教师评价委员会在教师评价的实体制度中，可借助制度杠杆来进行明确的鼓励性倾向。例如，可在实体制度中规定，教师评价考核小组如通过评价认定某一教师的科研与教学在方向上具有耦合性，则可将其科研评价得分乘以 1.5 的系数作为最终评价得分。

（4）构建教师最低绩效评价模块与优秀绩效评价模块

本书认为，在年度的教师评价活动中，应用型本科院校应该搭建一个教师的最低绩效评价制度，在这一制度的帮助下，教师能够在较为轻松的环境中开展教学工作，评价者还能够及时发现那些在学校中浑水摸鱼的教师。在实际的制度模式中，在运用绩效评价时，应注重对数量指标和规范性指标的使用。

比如，在教学评价方面，主要的评价目的是检查教师的教学任务是否完成，教师是否遵守教学的规范标准。在开展科研评价时，我们可以从教师的职称差异出发，为不同职称的教师制定不同的教学任务标准。在通常情况下，讲师和副教授每年都应该发表一篇科研论文。其中，副教授的科研论文应是公开发表的期刊论文，讲师的科研论文则可以把参加学术会议时提交或宣讲的论文包含在内；而教授以每年度一篇核心期刊论文为基本要求；此外，从事实践教学岗的教师还可以用相关的发明、创造、专利、技术改造或与校外单位开展的横向课题研究等进行折抵。另外也可以设置一些校园之外的技术推广、培训、讲座和咨询等工作内容。如果教师在评价活动中被判定为合格，那么教师的基本津贴就会全额发放。

在构建了教师最低绩效评价模块之后，应用型本科教师群体的不同层次都需要能被照顾到。教师的内心也会产生一定的安全感，但是对于那些教学水平较高，能力更强的教师来说，最低绩效评价起到的激励作用是微乎其微的。为了促进教师群体的积极发展，不断取得良好的教学成效，应用型本科高校还应该另外搭建一个优秀绩效评价的模块。比如，在教学评价等方面，可以设置一个优秀的人数比例，借助学院教师评价委员会的力量，参考教学评价的相关标准，在全体教师中挑选优秀的人才。在科研的评价方面，如果教师完成了最低绩效标准制定的科研任务，院校还可以参照其他院校的评价标准，将核心期刊的发表数量作为参考和认定的标准对教师在上述期刊中发表的论文和专著予以一定数额的奖励。

同时，笔者认为，应用型本科院校还应该设置一些科研成果的评定办法，每位教师可以在学校规定的时间范围内提交一个能够反映自己科研水平的科研成果，并由教师评价委员会根据科研的评价标准进行评定，并在评定完所有的成果后，对创造价值最高的一部分教师给予奖励。在服务评价方面，学校也应该设立优秀服务评定与奖励办法，通过教师评价考核小组的评定，对服务工作优秀的教师进行肯定，并给予奖励。

2. 教师评价标准的呈现

为守持公正性，教师评价需要以一定的标准为依据。但本书对教师评价标准的构建，并不旨在构建一个严密的评价量表，而是确定一些半开放式的评价参照依据，提供给评价主体，以指导评价者的评价行为。究其原因，主要有三：其一，教师评价之所以归属学术性活动范畴，需要诸多高水平学者的参与，而不仅仅是简单的"对号入座"行为，这在于评价活动本身是高智慧活动，需要评价主体依仗自己的智慧作出合乎事实的判断。其二，评价标准只能基于教师职业劳动的显性价值确立观测点，而教师职业劳动的隐性价值由于其内隐性和弥散性特征，无法给予确切的评价标准，但这种隐性价值又是教师劳动价值中极为重要的部分。其三，教师评价应具有一定的"学科本位"特征，对于不同学科为依托的学院的教师评价应确立有区别的评价标准，这就是说，应用型本科的教师评价标准应是一个由不同学科的教师评价标准所组建而成的集合体。

因此，本书鉴于学科局限性和研究能力的不足，在此所呈现的标准，只是一般意义上的标准，换言之，是一种教师评价标准指南，以期为实践层面的标准构建提供分析思路。基于以上认识，笔者认为，这种一般意义上的教师评价标准在定量评价与定性评价相结合的原则下，可大体由两部分构成：一是评价内容，二是价值判断。

（1）教学评价标准

在应用型本科，根据教师工作岗位性质的不同，可以有理论教学岗教师和实践教学岗教师的教学评价标准之分，下面本书对这两种教学评价标准分而述之。

第一，理论教学岗教师的教学评价标准。

首先，在评价内容方面。教学是包括备课、上课、课后辅导、作业的布置与批改、考试等一系列环节的连续性活动，其中的每一环节都对学生的发展有着重要影响。由此，本书认为，应用型本科教师教学的评价，不应仅仅框定在课堂教学评价的范畴，不宜采取割裂化的方式来对待具有连续性的教学活动，而应该选用系统化的评价策略，把教师教学的各环节纳入统一的评价体系之中。在应用型人才的培养活动中，理论教学岗的教师专门从事理论课程的教学工作，其教学的主要指向是增进学生的基础知识和实用知识，培养学生的学习能力和思维能力，促使学生掌握相关的职业道德规范。

其次，在价值判断方面，本书认为，对教师教学的价值判断，并非单纯地甄别优劣，而是一种规范——再教育的策略。因此，对于理论教学岗教师的教学可以依据以下思路。其一，为避免损害教师劳动的创造性，价值判断无须以数字化的方式在不同教师之间进行比对。因此，评价者只需对每一观测点给出等级，并最终以语言描述而不是数值的方式，给出评价结论，这一结论既是对教师教学劳动的价值判断，又应包含对教师改进教学的建议。其二，无须对不同评价主体的评价给出明确的权重，但在不同目的的评价中，不同评价主体的评价应有所侧重。例如，在最低绩效评价中，应以管理者评价和同行评价为主；在优秀绩效评价中，应以同行评价和学生评价为主。其三，不同评价主体的价值判断应有自己的特点，其中，管理者的评价结论侧重于判断教师教学的数量和规范；同行的评价结论侧重于判断教师教学过程的质量和水平；学生的评价结论侧重于判断教师教学的连续性、工作的耐心细致以及教学的效果。

第二，实践教学岗教师的教学评价标准。

首先，在评价内容方面。实践教学岗的教师主要从事实践课程的教学工作，其教学的基本指向是通过专门的职前练习，培养学生的职业技能和职业素养，促使学生走出校门后能较快适应职业岗位的要求。

其次，在价值判断方面。本书认为，对实践教学岗教师的教学工作进行价值判断，与对理论教学岗教师的价值判断既有共性特征，也有一些不同之处。其共性特征表现在：无须实施数字化的评价方式，但必须给出描述性的评价和明确具体的建议；在不同目的的评价中，不同评价主体的评价应有所侧重；不同评价主体的评价应有自己的价值重心。而实践教学与理论教学在价值判断上的不同之处，具体体现在评价细则中观测点的差异。例如，在管理者评价中，对实践教学岗教师的教学评价关注到教学设施的维护和安全措施的问题；在同行评价中，教学内容的实践性、教师的练习讲解和示范，学生的练习情况无疑是重要的评价点；而在学生评价中，教师对学生的指导和学生练习的效果又是最重要的观测指标。

（2）科研评价标准

开展科研是高校之所以为高校的原因所在。任何一所高校都应把科研视为学校的重要职能，区别只在于不同类型高校在科研定位、科研取向上的差异。所以，从学校层面来说，绝不能因为应用型或教学型的定位，而忽视科研；从个人层面而言，也绝不能以自身的先天素质不足为托辞，而只选择教学放弃科研。应用型本科教师的科研评价，应涉及以下标准。

首先，在评价内容方面。教师在各种期刊杂志公开发表的论文；教师在某些理论性报刊公开发表的学术性文章；教师出版的专著、教材；教师的创造发明（新技术、新工艺）；教师所获得的专利；教师在校内外各种学术会议上所提交或宣讲的论文；教师所申请的各种科研课题（包括纵向课题和横向的校企合作课题，也包括获得批准立项的课题和未获得批准立项的课题）；教师所参加的各种学术会议；教师指导学生所发表的论文，或获得的科研成果，或获得的科研奖励；教师所举办或参与的艺术表演、艺术展示活动；教师参与同事、同行的科研项目。

其次，在价值判断方面。科研评价是一项极富学术性的专业性工作，因此，对教师科研状况的评价应由学院教师评价委员会成员独立操作完成，必要时可聘请校外专家参与。

对教师科研成果价值的审定，应该遵循以下价值衡量准则。

第一，为彰显学术自由与教师自主，对不同教学岗位教师的科研评价不宜强制分类，但应充分强调诱致性制度的引导，鼓励教师从事教学与开展科研的有机结合。为此，教师评价委员会应通过判断教师科研成果的类型性质与教师所在岗位性质之间的一致性，把两者取向的耦合性作为衡量价值高低的一个重要方面，并给予较大幅度的奖励措施。这也就是说，对理论教学岗教师的科研评价，可侧重考察其科研工作和科研成果的理论价值；而对实践教学岗教师的科研评价，可侧重考察其科研工作和科研成果的应用价值。

第二，要突出关注科研成果的应用价值。开展应用研究、直接为经济社会服务应成为应用型本科的科研优势所在，因此，教师科研评价应高度重视科研成果的社会效益和经济效益。同时，须根据教师所在学科的不同，对不同学科教师开展有区别的评价指向。例如，理工科教师的应用研究可侧重考察其应用的经济效益，而文科教师的应用研究可侧重考察其应用的社会效益。

第三，要突出关注科研成果的理论内涵。对于教师提交的最能代表其年度科研业绩的优质科研成果，教师评价委员会成员要对其理论观点的创新性、问题分析的深刻性、解决策略的可行性等方面进行仔细审读。值得注意的是，对应用型本科理论研究成果的价值判断应在一定程度上区别于学术型本科，对其价值判断不应过度追求学问的艰深，而要侧重考察其理论的宽度和应用的创新。

第四，要突出关注科研活动的教育性。通过科研进行教学，早在洪堡时期就已成为高校发展的重要原则。支持和鼓励学生从事科研活动尤其是应用研究活动，可以提高学生的思维能力与应用研究能力，因此，对教师指导学生参与科研应给予必要的价值确认。

第五，要突出关注教师参与科研的过程和参与科研的精神和态度。对于青年教师来说，由于其科研基础、知识储备相对不足，难以一蹴而就，在短时间内取得科研突破，而积极参与是其能不断积累科研经验的重要历程，因此，教师是否积极参与课题申报、是否积极参加学术会议应成为评价教师，是青年教师科研状况的重要标尺。

第六，可以把期刊、课题的级别作为评价教师科研成果的一个基本参照，但绝不可以视为唯一的价值准则。一般说来，高级别的期刊较为注重办刊质量，但在经济利益膨胀的时代，在同一期刊中，不同质量的科研成果"鱼目混珠"的现象也绝非个别，课题的申请与获得也在一定程度上存在类似问题。

第七，要在一定程度上关注成果的数量。因为科研成果数量的多寡，毕竟在某种程度上体现了教师从事科研劳动的强度和成就。

第八，要关注教师科研成果的体系化。为推动教师"学有专攻、研有所长"，学院教师评价委员会应把教师科研成果的体系化作为一项评价指标，促使每一位教师能形成自己明确的研究方向，并逐渐在特定领域集聚自己的学术影响力。

第九，要关注教师科研过程的合作性。对教师实质性地参与同事和同行的科研项目应给予一定的价值肯定。

（3）服务评价标准

服务是高校的重要职能。在当代，应用型本科唯有为区域经济社会提供全方位服务，主动融入区域社会发展的洪流，才能真正确立高等教育在社会的中心地位，更充分地体现出以应用型本科定位的高校对社会发展的价值。而对教师服务状况的评价，则是检视和推动教师积极承担服务工作的必要举措。

首先，在评价内容方面。

如前所述，教师服务工作的形式、内容、方法、手段具有明显的学科本位特征。有些学科专业（如工科等）其本身就具有突出的实践性、应用性特征，其与社会中的对应行业有着"与生俱来"的合作关系，为对应行业服务是其天然的优势所在；而有些学科专业（如人文学科等）本身属于理论性学科，其对应的行业本身不甚明确，或其长期以来就与对应行业处于"疏离"状态，为对应行业服务则难以在短时间内取得突破性进展。基于上述理由，本书认为，在评价内容上，为促使不同学科专业的教师能根据自身学科背景、专业优势，从事有价值、有意义的服务活动，我们应把教师的校内服务也纳入服务评价的范畴。这也就是说，对教师的服务评价首先可划分为校内服务评价和校外服务评价，具体内容呈现如下。

第一，校内服务。教师有没有在学校兼任行政或学术职务，在这一职务岗位上有何表现；教师有没有担任班主任或从事学生辅导员工作，在这一职务或岗位上有何表现；教师有没有参与指导学生社团组织工作，在这些指导工作中有何表现；教师有没有参与学校、学院的各种临时性服务工作，在这些服务工作中有何表现；教师有没有参与学校组织的各种校内教职工活动，在这些活动的组织和实施过程中有何表现；教师有没有为学校、学院的发展提出意见和建议，这些意见和建议对学校、学院的发展起到怎样的作用；教师有没有参与学校组织的成人教育教学活动,在这些教学活动中有何表现等。

第二,校外服务。教师有没有参与学校组织的校外教职工服务活动,在这些活动的组织和实施过程中有何表现;教师有没有参与企业的技术开发,在技术开发中发挥了怎样的作用;教师有没有为校外单位提供信息咨询服务,这些信息咨询服务对校外单位的发展发挥了怎样的作用;教师有没有到校外单位或企业挂职锻炼,在挂职锻炼中对所在单位作出了哪些贡献;教师有没有参与校外单位、企业的人力资源培训,这些培训活动对单位员工的成长发挥了怎样的作用;教师有没有向企业转移技术专利,这些技术专利给企业带来哪些经济效益;教师有没有向企业推广实用技术,这些技术推广工作给企业产生了哪些经济效益;教师有没有指导学生参与社会服务活动,在这些活动中教师发挥了怎样的作用;教师有没有组织或参加各种校外的专业学术组织,在这些组织中发挥了什么作用等。

其次,在价值判断方面。

对应用型本科教师服务工作的价值判断,同样不应设定严密的、数字化的评价量表,而是由教师评价委员会成员依据被评价教师提供的服务材料,及校内、外相关人士提供的对被评价教师服务状况的评论,遵循以下价值思路,得出综合性的评判。

第一,对教师的社会服务评价,不应推行一刀切的方式,应根据学科、专业的差异有区别地对待。其基本指向是:对文科教师的服务评价,可侧重考察其社会效应,而对理工科教师的服务评价,则应相对重视其社会服务所产生的经济价值。

第二,从总体上而言,应把教师服务工作价值的关注重点从校内转向校外,从为校院发展服务转向为地方社会服务。但同时也应根据教师所在岗位的不同而区别对待,一般说来,对理论教学岗教师的服务评价,可将校内服务作为评价的重要方面,而对实践教学岗教师的服务评价,则理应把校外服务视为价值评判的重心。

第三,应重视教师服务的社会效应。即教师的服务工作对文化、教育等各项事业的推动，对社区公众的精神面貌改进和文化素质提高产生了哪些正面影响。

第四，应重视社会服务经济贡献的大小。给予一定经济报酬，既是对教师劳动价值的尊重和肯定，又可以为应用型本科社会服务工作的可持续开展提供资源保障。

第五，应把社会服务对象的满意度为重要的衡量尺度。服务对象的高满意度，意味着应用型本科的发展能获取更多的利益相关者的支持，而这种支持，是应用型本科形成发展合力的有利条件。

第六，要重视社会服务工作的教育性，在教师指导下学生参与社会服务工作，是增进学生职业技能，提高学生社会服务能力十分重要的途径。

第七，要全面检视教师服务工作的形式、内容，一位在服务工作上表现卓越的教师，往往能以多种形式，在多方面开展自己所力所能及的服务项目。

第八，教师参与服务的频度应该是衡量教师服务价值的重要尺度。因为教师参与的频度，体现了教师服务的积极性，事关教师对服务意义的认可和态度。

最后，需要强调的是，制度并非所有评价问题之解，以上对应用型本科教师的教学、科研和服务工作所设定的评价标准，并不是用之四海而皆准的评价"法典"，而且对每一项评价内容所罗列的诸多评价标准也并非完全按其重要性进行严格排序。从实践层面看，每一所具体的以应用型本科定位的高校及其下属二级学院在改造教师评价制度时，可以参照以上思路，根据不同岗位类型的教师和不同性质的学科专业，对上述标准进行增删，并进行"为我所用"之编排，以更符合本校（或本院）教师专业发展的需要。

三、对应用型本科高校教师评价支持系统的改造

从学理上讲，伴随着我国高校自主权的逐步落实和扩大，应用型本科高校的教师评价改革应成为高校的自主性改革，即改革是以应用型本科定位的

高等高校"为了学校、在学校中和基于学校"的变革。在这种"以校为本"的改革活动中，高校领导者发挥着至关重要的作用，他们通常是理念的引领者、变革的决策者和制度的设计者。因此，学校变革能否从一种意念中的蓝图转变为实际的行动，首先取决于高校领导者是否具有充分的变革素养与行动准备。高校变革需要有思想、有胆识、有能力的好领导，但高校变革又并非是领导者的个人或少数人的英雄主义行为。学校只是"社会之网"中的一个网结，而高校本身就是一个复杂系统。任何一个睿智的高校领导者都不会画地为牢，把高校隔绝为现代社会的"孤岛"，也不会弃高校内部各种力量的涌动于不顾，而自行其是。这也就是说，应用型本科教师评价的改造，其本身不应该是一种孤立的改革行动，从高校外部而言，改革应是在一定社会规制下的理性行为；从高校内部而言，改革又是以高校内部环境为依托的理性行动。

因此，笔者认为，应用型本科教师评价的改造，应首先以高校内、外部支持系统的优化为实践条件。唯有如此，才可能避免改革活动不成为雷声大雨点小的"形式主义"工程。

（一）外部支持系统的改革

在利益相关者的视野中，能影响和介入高校运行发展的外部利益相关者主要包括：政府、社会与学生家长。因此，应用型本科外部支持系统的改革主要涉及政府、社会与学生家长的应为问题。

1. 政府的应为

教育事业的公益性，决定了对学校的有效管理是政府的责任。当前，我国政府对学校的管理，采用的是有限管理制度。一方面，政府不随意干涉学校的办学自主权，另一方面，也拥有知情权、调整权、撤销权、督导权、奖惩权、异议权等权利。从现实的情况看，政府行使权力介入高校的运行和发展，主要是通过各种政策制度来实现的。因此，笔者认为，应用型本科外部支持系统的改造，首先取决于政府相关政策的改革和调整。为推动应用型本科教师评价的改革和发展，政府至少应在以下四大政策方面，承担起自己的应有责任。

（1）高等教育财政拨款制度改革

众所周知，政府的财政拨款是我国公立高校最主要的教育资源获取方式。由于教育经费本身的稀缺性，政府无法完全满足各高校对教育资源的需求和索取，而出于梯度发展的需要，20世纪90年代以后，我国政府对高校的投入也打破了平均分配的原则，把非均衡投入作为高等教育发展的指导思路，即采用生均经费加专项经费的高等教育财政拨款制度。其中，生均经费按每位学生的规定数额乘以每所高校的学生总数进行下拨，而专项经费则主要根据科研需要进行下拨。由此，一所高校是不是"211"高校、"985"高校，有没有硕博士点，有没有重点实验室、工程研究中心和重点学科，通常成为政府下拨专项经费的主要依据，而这些作为拨款依据的建设项目，事实上正是以科研地位的高低和科研成果的多寡来确立的。于是，为鼓励教师从事科研、多出高质量的科研成果以获取更多的教育资源，多数本科高校在对待教师评价中的教学与科研的关系时，着力向科研倾斜也就在所必然。

笔者认为，当前以生均拨款加专项拨款的制度，使应用型本科定位的高校在教育资源的占有上处于不利局面，易造成其在发展中的"短视性"观点和狭隘的"利己主义"行为。所以，为鼓励以应用型本科定位的高校在处理教师评价中的教学与科研的关系时，能更多地转向以教学评价为重心，政府有必要对当前的高等教育拨款制度进行调整，逐步建立起高等教育分类拨款制度，对研究型高校、应用型高校和职业型高校分别采用不同依据的拨款制度。

由此，为鼓励应用型本科高校坚定走"应用"之路，能切实把工作中心转移到应用型人才培养上来，不至于在教学与科研孰重孰轻之间彷徨徘徊，政府首先不要简单地把研究型高校、应用型高校与职业型高校视为高等教育体制内三种不同办学水平和办学层次的学校，而应该在制度上相对平等地对待三类高等高校。其次，在针对应用型高校的拨款体制内，为鼓励不同应用型高校能在"应用"范畴内力争上位，能办出一流的应用型本科高校，培养出一流的应用型人才，各级政府还应该充分运用经济杠杆的激励作用，定期对应用型高校的办学质量状况进行检查和评价，并把办学质量的高低与拨款数额的多少有机联系起来。

（2）高等教育评估制度改革

教育评估是实现教育目标、提高管理效率、推动教育事业发展的重要手段和有力杠杆。当前，我国高等教育评估制度中有关普通高校本科教育评估的安排，普遍存在的不足是：评估的一统化，评估标准过于单一，尤其是仅以评估重点高校或研究型高校的科研标准来评估所有高校，引发一些高校不顾自己的培养目标和任务，盲目攀比，不顾自我条件的限制片面强调科研第一等问题的出现。

评估对高校的作用是双重的，它既是对高校现有工作成果的鉴定，同时又能对高校的后续发展发挥起导向性作用。因此，建立起与大众化发展需要相适应的评估制度意义重大。随着我国高等教育进入大众化时期，为了使各类高等学校明确各自的目标定位并各安其位，以满足高等教育大众化时代多样化的社会需求，我们就需要对高等学校实行分类评估，以反映各类高校需要不同的追求，体现高等教育评估的客观性、公正性和合理性。

政府应以高等教育分类为基础，为不同类型的高校构建有差异性的、符合该类高校基本办学定位的评价指标体系，实施有区别的高等教育评价。例如，对研究型高校，可适当强化其科研指标；而对应用型高校和职业型高校，则应多关注其应用指标。

（3）高校教师职称评定制度改革

当前，我国不同类型高校具有不同的高校教师职称评定权力。教育部直属高校，即通常的研究型高校可以自己评定高校的各级职称；部分省属高校可以自己评定副高及副高以下职称，而还有相当部分本科高校则只能自己评定讲师及讲师以下职称。也就是说，对于多数以应用型本科定位的高校而言，其高级职称的评审权仍掌握在省级教育行政部门。

从教育行政主管部门颁布的现行高校教师职称评定制度来看，有关高级职称的评定涉及两方面条件：即申报条件和评审条件。在申报条件中，包括政治素质、职业道德要求，学历、资历要求，外语要求，计算机应用能力要求，继续教育要求等内容。虽然要求面面俱到，但事实上这些要求也是对高校教师的基本素质要求，大多属于达标性条件，其实际上只能淘汰少部分能力较差的教师。

在评审条件中，对副教授、教授职称的评审条件有三。

第一，专业理论知识要求。要求具有本学科系统而坚实的理论基础，比较丰富的教学、科研实践经验和较强的教学、科研能力；能及时掌握本学科的发展前沿动态，不断拓宽知识面，不断更新知识结构。从操作层面上看，这一条件缺乏硬性指标的规定，较难准确地对不同个体的教师加以优劣甄别。

第二，教学业绩、成果要求。在数量方面，包含了对教师工作量的要求、德育工作要求，要求教师有过班主任工作经历；在质量方面，包含了对教师教学综合考核的要求，看起来似乎要求全面。然而，从评审的现实情况看，由于不具备高级职称评审权力的高校的教师职称评审，不单纯是学校内部教师之间的竞争，还是同一省域内同类高校教师之间的竞争。因此，出于维护学校及其教师利益的需要，学校对教师教学的考核往往具有鲜明的保护主义色彩，只要教师没有出现大的教学事故，给教师的教学考核最终均是优秀，而没有作进一步的区分。

第三，科研业绩与成果要求，主要涉及论文、著作方面的数量和质量要求。对于评审专家来说，在前两项条件没有办法对不同绩效的教师进行区分的前提下，教师的科研业绩必然成为评价的主要衡量指标。由此可见，现行的教师职称评定制度，虽然已逐渐彰显了对教师教学评价的重要性，把教学评价作为教师职称评审的重要内容，但在指标设计上始终难以有效扭转重科研、轻教学的实质。

基于上述认识，本书以为，为推动应用型本科的教师个体能以更多的时间和精力投入教学，能以科学研究的态度去对待教学工作，教育行政主管部门必须改进现有的教师职称评定制度，为应用型本科教师的职称评定制定相应的评价标准和评价形式。

具体说来，可以有以下三点改革思路。

其一，教师教学评价的形式要多样化。为使教学评价指标真正成为职称评审的有效指标，评审专家对教师教学的评审不应只看静态的评审材料，而应该增加对教师教学能力的动态了解。为此，本书认为，在评审素材的收集环节，可考虑增加提供受评教师教学实况录像，以供专家评定考核；在评审环节，对某些教学特别优秀而科研能力相对薄弱的教师，可以增加对教师教学实地考察的方式，从而把那些真正教学突出的教师选拔出来，给予必要的肯定。

其二，应切实增加教师社会服务的评审要求。社会服务是应用型本科教师工作职责中不可或缺的组成部分，为鼓励应用型教师从事社会服务工作，彰显应用型本科的服务性特色，理应把社会服务作为应用型本科教师职称评定的重要内容。在同等的教学与科研条件下，优先晋升那些在社会服务工作方面取得较突出业绩的教师。

其三，从长远来看，为避免不同高校在教师职称评定上的不良竞争，教育行政部门可适当下放高级职称的评审权力，给予部分在"应用"范畴内的"上位"高校以一定数量指标的高级职称评审权。因为，在消除校际不良竞争的背景之下，对受评教师的教学能力、教学业绩最有深刻认识和理解的，无疑是其所在学校场域中的"高校人"。

（4）高等教育学制改革

所谓学制，是指一个国家的各级各类学校教育制度，它反映着各级各类学校教育的结构及其相互关系，规定着各级各类学校的性质、任务、入学条件、修业年限以及它们之间的衔接关系等等。当前，我国高等教育学制中存在的突出问题是单轨制问题：其一，但凡具有硕士学位、博士学位授予权的高校，大多属于学术型高校；其二，硕士研究生教育可有学科硕士和专业硕士（应用型硕士）之分，而博士研究生教育仅有学科博士而无专业博士（应用型博士）。

从现实情况看，在当前，各级政府已经对我国高等教育学制的缺陷形成一定共识，并已在事实上尝试进行改革。显而易见的是，这一改革有助于提升应用性专业人才的层次规格，匡正现实中把应用型人才视为比学术型人才低一层次的误区。但从促进应用型本科可持续发展的视角来看，这一改革还有待继续深化。笔者认为，为鼓励应用型高校在"应用"范畴内，力争上位，高层次、应用型人才的培养应由应用型高校来实施。因此，从学制上，可形成双轨且有所交叉的学制，所谓双轨，即对于应用型高校，建立本科层次培养应用型学士、硕士层次培养应用型硕士、博士层次培养应用型博士的逐层递升体制；而对于学术型高校，则形成本科层次培养学术型学士、硕士层次培养学术型硕士、博士层次培养学术型博士的逐层递升体制。所谓有所交叉，是指为给予学生更多的学习选择机会，在本科学历报考硕士研究生及硕士学历报考博士研究生时，允许在应用型学位与学术型学位之间交叉报考。这样也可以给予学生多次职业选择的机会，避免"一考定终身"的问题。

2. 社会的应为

社会既包括社会个体，又包括社会组织。从社会公众看来，高校永远是逃脱不了的关注热点。高校之所以是社会关注的热点，首先，因为高校是知识分子荟萃之地，是社会思想、知识、文化的创新之地。其次，源于高校是培养高级专门人才的场所，在大众化的时代背景下，高校所培养的人才遍及千家万户。

但是，从现实情况看，我们依然感觉到社会对高校关心的不足。这主要表现在社会的关系尚停留在对结果的关心，而没有从高校利益相关者的立场出发，对高校的办学表现出高度的责任意识，既关注高校人才培养的结果，更关注高校人才培养的过程，能充分利用各种参与机会，积极而又理性地介入高校的发展。

社会评估是社会影响和介入高校发展的重要因素。近年来，我国由民间组织所运作的高校排名现象蔚然成风，导致这一现象的原因主要有二：第一，高校与社会公众之间存在严重的信息不对称。当代高校在从象牙塔演变为公共机构以后，其行动理念并没有发生根本的变化，依然在沿袭故步自封的心态和做法，社会普通公众很难透过高校自身发布的只语片言，全面了解学术高墙之内的真实图景。第二，我国的经济改革催生了社会观念的变革。在经济市场化的过程中，学生和其他一些利益相关者的观念和自身定位都在不断变化，正从高等教育消极的接受者转化为主动、积极的消费者。毋庸置疑，这种由民间组织运作的高校排名，现已成为社会影响高校发展的重要途径和方式。因为，社会公众可以借助于高校排名，来为自己子女选择入学目标高校。而排行榜的排名状况，似乎也就成为人才素质高低的重要标志，由此，社会企业和社会组织在同等条件的用人选择上，也倾向于那些排名较高的学校。

然而，在本书看来，中国当前林林总总的高校排名，其所传递的高校信息，既无法真实地反映不同类型高校的发展状态，也难以有效地成为社会公众和社会组织的抉择依据。因为这些排名所蕴含的价值判断是以研究型高校为模板，以科研评价为主要标尺的。

因此，改变社会对高校的传统评价也应成为社会视角的应为举措。社会评估作为一种高等教育市场的引领制度，理应较全面地反映社会产业结构对高等教育人才的结构需求，以合理引导消费者的高等教育消费行为。因此，在高校排名中，要对不同类型高校实行分类评价、分类排名的评价体系。同时又要在高校排名中，增加对不同类型学校原有基础、人才培养绩效等反映高校可持续发展能力的指标。从而为应用型人才培养、同时也为应用型本科教师评价制度的改革确立良好的社会舆论环境。

3. 家长的应为

学生家长对高校的影响具有双重渠道：一方面，家长是社会公众的重要组成部分。伴随着高等教育入学率的逐年提高，越来越多的社会普通民众都曾经或正在演绎着高校学生家长的角色。家长对高校的认识和看法是社会公众舆论的重要来源渠道，能为应用型本科的改革和发展树立良性的舆论氛围。另一方面，家长的意见是学生选择高等教育方式的最重要的影响源，甚至在许多学生看来，其对高校类型、专业的选择，原本就是父母的作为，由此可见，学生家长是高等教育生源市场中具有决定意义的力量。

为促使应用型本科坚定地走"应用"的发展道路，学生家长可以在社会舆论的塑造和教育选择的转变两方面有所作为。首先，学生家长要转变传统的高等教育观念，充分认识到应用型人才在社会发展中的地位和价值，充分认识到应用型高校在高等教育系统中的地位和价值，从而为应用型本科发展树立正确的舆论导向。其次，学生家长要转变传统的高等教育选择，要把对应用型本科的理解和认同，转化为引导自己子女教育选择的实际行动，鼓励自己子女根据自身的兴趣特长、自身的职业倾向，在学术型、应用型与职业型高校之间做理性选择，而不是一味地以学术型高校马首是瞻，

（二）内部支持系统的改造

在高校内部，任何一项改革活动，往往都是牵一发而动全身的系统性工程。因此，从实践层面看，我们需要以复杂思维为指导来认识和设计教师评价改革，不把目光局限于教师评价系统之内，而应该把教师评价改革看成是高校系统性改革的有机组成部分，不断推动应用型本科高校内部支持系统的改造。具体说来，本书认为，应涉及以下一些方面。

1. 学校管理模式变革

（1）岗位设置变革

岗位设置是高校深化人事制度改革、完善教师职务聘任制的重要环节。在我国，现行的高校内部岗位设置主要有两个基本维度：首先，对全体教师，根据教职员工的岗位性质的不同，划分为管理岗、教学岗、教辅岗。其次，

对专任教师，根据教学与科研两大职责的轻重关系，划分为科研岗、教学岗、教学科研岗、科研教学岗等不同岗位。

在本书看来，以教学和科研职责的不同来划分专任教师，尤其是设置单纯的科研岗与教学岗的做法，虽在一定程度上考虑到了不同教师在教学与科研能力上表现出来的个别差异性，但却人为地割裂了教学与科研的关系，忽视了科研是教学的重要途径和手段，能对教师个人的教学发挥反哺作用；而教学又可以为教师找寻科研问题提供思路，成为教师点亮科研创新的灵感火花。由此，本书认为，应用型本科对教师岗位的设置，应始终把握教学与科研相结合的原则。在此基础上，根据教师所任教的课程的性质，把教师划分为理论教学岗和实践教学岗：第一，理论教学岗。从现行的课程体系来看，我们可以把从事公共课教学、专业基础课教学的教师划归为理论教学岗。第二，实践教学岗。这一岗位的教师主要从事实习指导、微课程教学、实践课程教学和实验课程教学。

（2）教学管理变革

教学管理的本质是服务教师，以促进教师圆满完成教学工作，更好地推动教师的专业发展。当前，一些应用型本科的教学管理还存在应急性和随意性的问题，对教师的任教课程缺乏长远规划，没有充分考虑教师的学术背景、教学特长。为此，教学管理的变革应遵循以下思路：其一，为推动每一位教师的可持续发展，能在某一个或几个固定教学方向上有深入探索，并获得系统的经验积累，学校应取消教师任教重复课程工作量计算折扣的规定，从而避免教师为完成教学工作量要求产生的任教课程门类过多的问题。其二，各级教学管理部门在给教师安排课务时，应保持每一位教师在不同学期任教课程的相对稳定，促使教师逐步形成自己的教学规律，有充裕的时间去凝练教学内容、改进教学方法、提高教学水平。

2. 人才培养模式变革

所谓人才培养模式，是指在一定的教育思想和教育理论的指导下，为实现培养目标而采取的培养过程的某种标准构造样式和运行方式。包括制定专业培养目标、构建课程体系、组织课程等实施环节。人才培养模式是影响人才培养的关键因素，当前人们已清楚地认识到，我国的高校人才培养模式严重制约了专业人才的培养质量。

高校人才培养模式在专业培养目标、课程定位、课程目标、课程结构、课程内容等方面的变革，既有助于教师进一步明确自己教学工作的方向，又可以为岗位设置等方面的改革创设基础性条件。应用型本科高校作为培养高级应用型人才的基层单位，理应以"应用"为指向，建立起有别于学术型培养范式的应用型人才培养模式。有学者指出，应用型人才的培养模式可划分为四种范式：即针对专业教育而言的通识教育培养模式；以能力培养为重心的多层次、个性化培养模式；素质、知识、能力有机融合的培养模式和"二二三"人才培养模式。本书认为，上述四种范式，以第四种范式最贴近应用型本科人才专业基础宽、应用能力强、职业素质高的基本性征。

课程与教育共生共在，是教育系统的"软件"和教育循环系统的"心脏"。人才培养目标能否由理念构想转化为现实成就，既离不开教育教学活动中的人为因素，更需要在教育者和受教育者这两类人之间发挥桥梁与中介作用的课程与教材。从现实情况看，推动高校人才培养模式变革的关键，就在于课程与教材的变革。为推动应用型人才的培养，进而推动应用型本科教师评价工作的改进，应用型本科课程与教材的变革，大体可以包括为以下几方面。

第一，改革课程定位。首先，要以高等教育消费观念确立课程定位。学生缴费上学，在校学习的主要任务就是根据未来就业需要学习课程，为此，学生需要学习什么课程，学校就应该提供什么课程，社会需要什么知识、结构的人才，学校就应该培养什么样的毕业生。其次，要根据学校的特殊性来确立课程定位。为避免学生学习的盲目性和功利主义倾向，高校有责任引导学生学习，充分体现辅助成长的现代教育理念，促使学生在了解学校的特色和优势的基础上，科学、理性地选择学习资源。

第二，改革课程目标。从市场需求来看，在工作岗位中真正适应能力强的职业人，并不是因为其拥有深厚的理论知识，而是得益于其一般能力的习得和素质的提高，这些一般方法和一般能力的获得，才是真正通识的，是社会所真正需要的。因此，应用型本科的课程目标改革，首先应重视基础知识，但这种基础知识不追求系统性，而是提供能力发展需要的基础，这也就是说，基础知识与能力发展之间应确立有机联系，知识应体现为能力发展服务的特性。在重视基础知识的同时，应用型本科课程目标改革还要重视职业能力和职业素质的养成，即要改变原有的学科教学模式，做到以用导学、以用促学。

第三，改革课程内容与课程结构。应用型本科的课程设置不能沿用培养学术型人才的模式，一味按学科内容的内在逻辑来选择课程门类，局限在科学世界中找内容；而应该根据应用型人才的培养规律，推动学生积极走入生活世界和未来的工作世界，让学生在体验和探索中学到鲜活的、与工作和生活密切联系的知识。因此，应用型本科应对传统的课程内容和课程结构进行"裁、并、减、转"。所谓"裁"，就是以"必需、够用、管用"和"课程体系相对完整"为原则将某些课程裁掉；"并"就是以相关为原则，将某些只保留部分教学内容的课程合并；"减"就是将某些课程的教学内容压缩，减少学时，为实践教学留置时间；"转"就是以应用为原则，将一些理论课程转化为实践类型的课程。

第四，改革教材体系。从现实情况看，应用型本科所使用的多数教材是由研究型高校组织编写的，这些教材大多侧重学科体系结构的完整性，强调知识的系统性和体系化。由此，本书认为，为满足培养应用型本科学生实践与创新能力，以应用型本科定位的高校可成立教材建设委员会，根据学校各专业的人才培养方案，采取独立自编、不同高校联合编写或高校与用人单位联合编写等方式编写教材。对于教材内容，力求在知识上做到少而精，能反映科技发展的新内容；在能力上做到注重培养学生的自学能力、思辨能力及从事某一职业所需的相关技能；在职业素养上做到能满足学生未来就业的基本素质要求。

3. 高校文化模式变革

高校不仅是随时代进步而不断演变的物质存在，更是一种精神和文化的存在。高校文化以反映学校意志、学校传统、学校个性的内在本质为核心，对内促使高校成员形成共同的信念，产生凝聚力。在每一所高校内部，高校教师评价活动都不是孤立的学术管理，而是镶嵌于学校特定文化背景之中的管理活动的有机组成部分。因此，高校教师评价的变革和改造，不仅是评价技术、评价策略的改进，更需要文化层面的重塑，即创生和评价指向相吻合的变革文化。

以应用型本科教师评价改革为指向，教师评价变革文化的改造，首先是要在教师群体中形成变革理念与变革价值观。这种理念与价值观不能靠单纯的自上而下的灌输，还需要通过广泛地组织教师学习、讨论，促使绝大多数教师能深刻认识到评价变革不是"折腾"教师，不是出于管理教师的需要，而在本质上是一种"为己"和"利己"行为。因为，组织发展与个人发展在根本价值取向上是一致的，组织是个人的集合，没有个人发展，组织发展只是空谈；组织是个人的依托，而没有组织发展，个人发展就失去了应有的内涵，随着高等教育竞争的日趋激烈，唯有通过应用型本科自身的改革和调整，才能保证高校外延与内涵的可持续发展。其次，是要在教师群体中打造民主合作文化。文化是一种独特的精神力量，对于教师来说，在一种平衡态情境中从事熟悉的工作，会自然浸润在一种相对平和、安全的心理氛围中。而教师的评价变革是对平衡态的打破，往往容易遭到教师的反感御甚至抵制，学校倘若单纯依靠制度的力量，以简单的行政命令方式来推进教师评价变革，必然会引起教师的强烈不满。因此，在教师评价改革的全过程，高校管理者都要致力于打造温馨的变革氛围和人性化的变革文化，借助于信息共享、情感交流、主动释疑等手段，争取每一位教师的理解、支持和参与，以推动改革成为"春风化雨"的过程。

4. 高校办学模式变革

应用型本科教师评价不是"以校为边界"的封闭性评价，因此，在内容上要把教师的社会服务纳入了评价范畴，在形式上要十分重视用人单位对教师评价的介入和参与。应用型本科教师评价与高校外部环境的交互作用，必然要求以应用型本科定位的高校改变传统的封闭式办学模式，确立面向社会办学、服务区域经济社会发展的基本变革思路，从而为教师评价改革创设更适宜的支持性环境。具体而言，应用型本科的办学模式变革集中在以下两方面。

第一，进一步拓展应用型本科的社会服务职能。首先，要真正建立起服务理念。从现实情况看，一些以应用型本科定位的高校确实在一定程度上开展了社会服务活动。但从量与质而言，这些活动还远远不够，高校管理者不能把社会服务停留在做表面文章，停留在一种姿态或一种口号上，而应该正确认识到高校与社会之间的血肉联系，认识到高校与社会的双向参与对高校发展的重大意义。其次，要转变教师社会服务职责的重心。高校管理者应大力拓展应用型本科社会服务的内容和范围，要把对教师服务的要求，由单一的、内在的校院服务转向多样的、外在的社会服务，促使教师确立全方位的服务意识。最后，应用型本科要为教师参与社会服务提供机会。从实证调研看来，当前应用型本科确实与区域社会组织机构间开展了一些教学、科研等方面的合作。如一些教育学学科开展的高校与中小学校协作，物理电子学科、化学学科开展的校企合作等，都已基本成型，并正在为区域社会的经济、文化、教育发展发挥作用。但是这些合作仅涉及部分教师，尤其是高职称、高学历教师，而普通教师常常被排斥于合作活动之外。由此，本书认为，由于不同教师个体其所拥有的社会资源不一，服务社会的机会必然存在差异，为促使社会服务能真正成为教师评价的内容，学校与二级学院还应通过各种措施，为所有具有社会服务意愿的教师提供广泛参与社会服务的机会。最后，在社会服务的改革方面，要走出纯粹追求经济效益的误区，不要把社会服务简单地看成一种等价交换过程，不应单纯以经济回报的大小来看待教师社会服务的质量和水平。

第二，进一步推进应用型本科的产学研合作。产学研合作是科研、人才培养与企业需求之间的一种共赢性的主体互动。借助产学研合作，企业可以利用高校的科研、人才优势，解决自身的技术难题，推动技术创新，丰富人力资源的储备；高校在企业需求的促动下，有利于进一步提高科研水平和教学质量，而且还能弥补科研和教学经费的不足；学生则可以利用学校和企业的合作关系，更容易争取到实习机会，扩大就业途径，减少择业的盲目性。

在我国，产学研实践起步较晚，基本上与市场经济的转轨同步。从现实情况看，我国的产学研十分强调外在因素，即政府在产学研结合过程中的支持和引导，继而导致产学研缺乏持续性和稳定性。由此可见，当务之急是，学校要有必要的危机意识，能主动走出去，同时促使企业主动进来，进而逐步建立起保证产学研良性互动、持久长效的内生性制度安排，也就是说，要在产学研的各个环节实现无障碍沟通的互动性沟通制度和在技术要素价值评估科学公正基础上的利益分配制度。

四、对应用型本科高校教师评价决策系统的改革

指向实践并为实践服务，是衡量理论是否具有旺盛生命力的最重要标准。任何先进的教师评价理念如果不能转化为实践，推动实践的变革和发展终究只是一个昙花一现的思路。因此，在应用型本科教师评价体系的改造中，理论向实践的转化无疑是教师评价改革必须逾越的重要环节。从现实情况审视，教师评价体系自身的改造又包括两大相互联系、相对独立的组成部分：即决策系统的变革和操作系统的变革。前者体现了教师评价决策性质、特征和过程的变化，后者则反映了教师评价操作方法、手段和环节的改变。

建立制度健全、分工合理的决策组织系统并作出科学理性的评价决策，是应用型本科教师评价改革由理念设计转化为实践操作的关键性过程。由对应用型本科教师评价制度的分析，以及对应用型本科学校场域中"高校人"的实证调研来反观教师评价的决策组织系统。本书认为，现行决策组织系统大体存在决策主体限于管理高层、决策暗箱操作、决策过程行政化、决策中

的利己主义行为等问题。对于上述问题，概而述之，事实上集中于两个方面：即决策主体的不足和决策程序的缺陷。因此，有关应用型本科教师评价决策系统的改革，主要围绕谁来决策和如何决策这两个基本问题展开。

（一）决策主体的变革

本书认为，决策主体的变革将有两层含义：一是决策主体层次和范围的变革，主要涉及降低决策的主体层次与扩大决策的参与主体等问题。二是决策主体内涵的变革。所谓主体，在本质上是一种权责的统一体，即在通过制度赋予主体一定决策权力的同时，还必须促使其具有良好的责任意识，能承担起相应的责任。因此，推动决策主体的内涵变革意指一个以公平公正为价值基点的决策系统，绝不能一味彰显主体权力，而忽视对主体责任意识的强调和主体责任行为的约束。

1. 构建核心决策圈

构建核心决策圈，其目的在于保证教师评价决策的效率。从实践层面看，过度强调民主，常常是以决策的低效率为代价的。因此，为做到民主与效率并重，既保证高校利益相关者能最大限度地参与决策，又不至于相互间缺乏统一认识而导致决策过程迟缓，我们需要组织确立精干、有广泛代表性的核心决策圈，以保证决策不受各种细枝末节的问题困扰，做到审时度势，理性决策。当前，在高等学校，构建教师评价的核心决策圈既有法理的依据，也是事实的所需。

首先，就法理依据而言，《中华人民共和国高等教育法》第 42 条规定："高等学校设立学术委员会，审议学科、专业的设置，教学、科学研究计划方案，评定教学、科研成果等有关学术事项"。这一规定，无疑从法理高度说明，高校学术委员会在对待和处理本校的学术事务问题上，享有最高层次的学术权力。教师评价其本质是学术评价，高校学术委员会理应在教师评价决策中享有决定性的话语权。

其次，就现实情况而言，在以应用型本科定位的高校，已经拥有校学术委员会和校教学指导（督导）委员会的设置。其中学术委员会专门负责审议科研工作的重要决策，审议学校的重要科研管理办法、规定等教师科研评价制度，以及开展评价、审定科研项目和科研成果的学术水平与学术价值等具体评价活动。而教学指导（督导）委员会则专门承担着制定学校有关教学及管理工作的指导思想、政策、规划等职责。由此可见，应用型本科有关教师评价的核心决策圈已经形成，而且建立了相应的规章制度。

然而，从理性决策的要求观之，本书认为，当前的教师评价核心决策圈还存在两大突出问题：第一，核心决策圈的转移。在一些以应用型本科定位的高校，许多教师评价决策常常由校党政而不是由校学术委员会或校教学指导委员会作出，以行政决策代替学校决策的现象较为普遍。第二，核心决策圈行政化。在一些以应用型本科定位的高校，从校学术委员会与校教学指导委员会的人员构成来看，存在严重的学术组织行政化趋势。

为此，本书认为，应用型本科教师评价核心决策圈的重构，首先应是核心决策圈权力的落实，学校应明晰行政机构处理行政事务、学术机构处理学术事务的责任范畴，把教师评价决策坚决交由学术决策组织，切不可越俎代庖、李代桃僵。其次是核心决策圈人员组成的重构。本书认为，这一重构可以遵循三条基本思路。

第一，设置学校教师评价委员会。当前，在以应用型本科定位的高校，由学术委员会决策科研评价、教学指导委员会决策教学评价的举措，难以在决策过程中有效照顾科研、教学之间的内在逻辑，进而推动教师教学、科研的协调发展。因此，本书认为，应设置统一的学校教师评价委员会，并在教师评价委员会之下，设置学术评价委员会、教学评价委员会与服务评价委员会。由学校教师评价委员会统一协调学术评价委员会、教学评价委员会以及服务评价委员会三者之间的立场和行动，从而利于充分把握教学、科研与社会服务之间的有机联系，有效平衡三者之间的相互关系。参照学校教师评价委员会的设置，二级学院也应成立院教师评价委员会，对本学科的教师评价作出决策。

第二，推动教师评价委员会人员结构的平衡。首先，应保持学术权力与行政权力的应有平衡。教师评价决策是学术决策，须充分彰显学术权力在教师评价决策中的主导作用，以应用型本科定位的高校可在教师评价委员会的章程中明确规定，具有行政职务身份的学术人员不应超过所有组成人员的三分之一，其余人员应由经民主推选的资深教授或具有较高学术造诣的副教授及其他人员组成。其次，应保持不同学科人员构成的平衡。在当代，虽然学科呈现出交叉综合的发展态势，但每一学科的成员都拥有自己独特的生活方式和行为准则，分享有关理论、方法论和技术的信念，拥有自己的"符号"系统。换言之，对于每一学科内部的知识传递和研究成果，本学科成员对其价值或潜在价值的判断的有效性通常要强于其他学科成员。所以，在学校教师评价委员会中，不同学科成员应有大致均衡的比例，使每一学科都在核心决策圈拥有表达本学科立场的平台。再次，应考虑不同利益相关者的人员构成相对平衡。本书认为，在校、院两级教师评价委员会下属的三个委员会中，学术评价委员会因其专业性和高深性的特征，唯有专业性的学者才能胜任，目前还难以吸收除高校管理者和高校教师之外的利益相关者参与。但在教学评价委员会和服务评价委员会中，可以考虑吸纳少量学生、学生家长和用人单位代表，他们代表了高等教育赖以生存发展的两大市场——生源市场和劳动力市场，可以有效传递高等教育消费者和社会就业单位的声音。

第三，推动教师评价委员会成员话语权的平衡。在教师评价委员会中，成员结构的调整和重构，尚只是解决了学术组织行政化的问题，而没有解决学术管理行政化的问题。从实践层面观之，在许多教师评价决策中，不同成员所拥有的话语权并不一致。一般说来，具有行政背景的成员具有相对优势的话语权，尤其是学校的主要领导者，在决策过程中常常发挥一言九鼎的作用。在这种背景下，由于上下级关系的实然存在，导致下级并非真正参与决策，为迎合上级，一些成员宁愿顺着上级的意图而不提出自己的真实看法；或担心表示异议，会受到多数人的孤立与嘲笑，即使有怀疑也不公开发表意见。因此，本书认为，在教师评价委员会中，应积极关注不同成员话语权的相对平衡问题。为保证决策者之间的民主和平等，宜采用团体式决策，高层管理者作为委员会的正常成员之一参加集体讨论，并于无记名投票的方式产生决策的结果。

2. 构建决策参与圈

构建决策参与圈，其目的在于保证高校的不同利益相关者都能深度参与教师评价的决策行动。从组织理论的视角来看，构建决策参与圈可以使普通师生员工与高校管理者处于平等地位研究和讨论组织中的重大问题，他们可以感受到管理者的信任，体验到自身利益与组织发展的密切相关而产生强烈的责任感；同时，构建决策参与圈又为普通师生员工提供了一个取得别人重视自己的机会，从而给人一种成就感，因为他们能够参与商讨与自己有关的问题而受到激励。除此之外，从现代高校所面临的内外部环境来看，构建决策参与圈还是高校适应环境变化的必然要求，在我国高校组织日益庞大和复杂的知识经济时代，仅有少数人的智慧是不够的。高校只有尊重教师的管理主体地位，发挥每一位利益相关者的积极性和创造性，才能理性处理高校的内外部关系，正确驾驭学校变革与发展的方向。

教师评价问题既是一个关系应用型本科所有教师切身利益的大事件，又是一个涉及学校定位、学校内外部关系等的复杂性事件。因此，有必要构建一个更广泛的决策参与圈。本书认为，决策参与圈的构建应遵循以下基本思路。

第一，确保参与对象的广泛性。为促使高校的不同利益相关者能实质性地参与到教师评价决策，而不仅仅停留在走形式、走过场，学校管理层应打造三个适用于不同类型利益相关者的决策参与平台，并使之能行之有效地运作：即教师决策参与平台，主要包括学院层面的教师评价委员会、校院两级教师代表大会、学院教师大会等组织形式；学生决策参与平台，主要包括校院学生代表大会、学院学生座谈会等组织形式；社会决策参与平台，主要包括校企联合会等组织形式。

第二，决策参与的主要方式是信息提供和意见征询。显而易见，决策参与圈的目的在于保证决策主体的广泛性，促使应用型本科的每一位利益相关者能有机会参与评价决策。由于参与者人数众多，所持立场各不相同，为保证决策的效率，参与应以信息提供和意见征询为宜。每一位决策参与者借助于恰当的决策参与平台，把自己对教师评价问题的观点和意见反馈到校、院教师评价委员会，为教师评价委员会作出相关决策的重要实践依据。

3. 明晰不同决策主体的权责行为

从法治理论视角来看，权利和责任是不可分割的，不承担责任的权利必然会导致腐败和滥用。因此，在对行为主体授权的同时，必须要明确其相应的职责。唯有如此，才能促使行为主体谨慎使用自身的权利。然而，从现实的情况看，当前有关教师评价决策的制度规定，往往只片面强调决策主体的权利，而缺乏对决策主体的责任意识和责任行为的规范与要求。例如，在多数应用型本科现行的"学术委员会章程"中，虽然也有对职责的规定，要求学术委员会负责审查、鉴定科学研究成果、评审科研奖励等等。但在本书看来，这些职责事实上只突出了制度授予学术委员会成员的权利，而没有强调或彰显学术委员会成员的责任。由此，本书认为，为达到权利和责任的平衡和统一，在各级教师评价委员会章程中，必须包括委员会成员行为规范的要求和责任后果的规定，促使委员会成员能秉持高度的责任意识去审视教师评价的各种问题，以客观、公平、公正为基点，认真行使自己的教师评价决策权。

（二）决策程序的变革

1. 教师评价决策的传统模式

在学校层面，传统的教师评价决策一般遵循以下程序。

（1）校党政办公会议提出拟订或修订教师评价制度的设想，并把这一设想传达给学校相关处室；

（2）由人事处会同教务处、科研处等机构拟订教师教学评价与科研评价的方案草案；

（3）学校召开党政办公会议研究方案草案，提出修改意见，并形成方案初稿；

（4）方案初稿下发各学院，征求教职工意见；

（5）学校各处室汇总教职工意见，修改方案初稿，提交校学术委员会或校教学指导委员会表决；

（6）校党政办公会议讨论通过，形成最终定稿。

而在学院层面，教师评价决策程序通常更为简单，一般是由分管领导或主要领导提出评价设想，再提交学院党政办公会议研究通过即可。

综上所述，无论是在学校层面还是在学院层面，传统的教师评价决策程序均具有两个鲜明的特征：第一，自上而下的决策程序。决策构想的策源地是组织顶层，决策的最终形成也在组织顶层，而组织的中下层和组织的普通成员仅仅是象征性地发挥了"出点子、提意见"功能。第二，行政主导的决策过程，从本质上把教师评价决策定格在行政决策的范畴。

根据以往的实践经验观之，这种传统的决策程序虽然具有一定优点：在行政权力的主导下，有利于组织顶层对决策进展进行控制，从而保证决策的效率。但存在的不足也是显而易见的：由于决策权力过分集中于组织顶层，民主征求意见容易流于形式；学术决策的行政化过程，易使教职工产生压抑感，不利于发挥高校教授治学的传统，也不利于调动下属和广大师生员工参与学校管理的积极性。

2. 教师评价决策的变革思路

高校教师评价是教师工作的目标指引，是教师行动的制度依据。鉴于高校教师评价是如此重要，在以应用型本科定位的高校，教师评价决策不适合成为行政管理人员的行政决策，也不适宜采用自上而下的决策路径，而应该充分发挥高校利益相关者的智慧，群策群力，采用自下而上、上下结合的决策路径，变信息的单向流动为信息的双向建构。由此，本书认为，学校层面的教师评价决策应由以下六个基本环节构成。

（1）观点酝酿阶段

首先，高校教师评价委员会作为高校教师科研、教学与社会服务评价决策的"法定"机构，应根据本校教师评价制度中的有关内容调整的规定和学校教师评价内外部环境的新变化，研究变革原有教师评价制度的必要性和可行性。在此基础上，拟订教师变革日程，同时向全体教职员工发布变革信息，阐释变革缘由、意义，以引发广大教师的关注和思索。

（2）基层讨论阶段

各二级学院以学系或教研室为单位，以教研活动的形式，或者通过学院教师代表大会、学院教师大会等形式，组织教师讨论、研究本院学科教师的评价方法和策略。以期促进各位教师能从自身的学科特点出发，较全面地理解和建构本院学科教师评价的标准。学系或教研室对教师的观点和意见进行汇总，形成有关本系（室）教师评价方案的报告，提交学院教师评价委员会。

（3）学院审议阶段

二级学院教师评价委员会在接收到下属各学系或教研室的评价方案报告后，组织评价委员会成员进行讨论研究，提出修正意见，并最终形成有关学科（通常为一级学科）的教师评价方案。再提交到学校教师评价委员会审议。

（4）学校初决阶段

学校教师评价委员会审议二级学院教师评价委员会提交的教师评价方案，在此基础上，按文、理、工等高校科门分类，汇总、表决并确立每一大类学科教师评价的初步评价方案。

（5）意见征集阶段

学校教师评价委员会把初步审议的各大类学科教师评价方案下发给各二级学院，并开辟意见征集渠道，向广大教师及用人单位征求意见。

（6）学校终决阶段

学校教师评价委员会组织专人对教师意见进行汇总、整理，并对初步评价方案进行修订，再组织委员进行讨论、研究和表决，形成最终评价方案。

学院层面的教师评价决策流程，可以在参照上述学校教师评价决策程序的基础上，适当精简决策环节，以既保证决策过程的效率，又促使学院全体教师能实质性地参与到评价决策中。

3. 构建教师评价决策的评价体系

高校教师评价决策是一种校本化决策行动，每一所以应用型本科定位的高校都应该根据自身的特殊性，做出既有应用型本科共性特征同时又富有个性化色彩的评价决策体系。从现实情况观之，教师评价的校本化决策已是一种普遍现象，但是其中诸多的校本化决策却明显缺乏科学性和公正性依据，其本身是学校内部某些利益群体利己行为的表现。构建教师评价决策的评价体系，其目的就在于减少或消除校本化决策中的非理性行为，发挥评价对教师评价决策的监控功能，推动教师评价的核心决策圈——校院两级教师评价委员会成员确立足够的责任意识，促使他们在决策过程中，能以学校利益与大多数教师利益为出发点，做出科学、理性的教师评价决策。本书认为，对教师评价决策的评价，可以有两种方式。

第一，教师评议。教师是教师评价决策后果的直接当事人，教师评价决策是否符合普通教师的利益，"群众"的眼睛是雪亮的。为此，以应用型本科定位的高校应把教师评议作为对教师评价决策评价的重要方式。从实践层面看，学校的高校发展研究中心或高教所可以承担起教师评价决策的具体操作工作。通过问卷设计、信息收集、信息的整理和分析等工作，了解学校不同教师群体对现行教师评价制度的满意度，并定期向学校行政部门和学校教师评价委员会通报教师评议的相关信息，促使教师评价委员会所有成员对自身责任有更进一步的认识。

第二，专家评议。专家作为专门从事评价研究的学者，在具备充足信息资源的条件下，其本身有足够能力从学者视角，对应用型本科教师评价制度作出合理性判读。而其作为教师评价决策"第三方"的地位，更有利于在评议过程中秉持客观性的立场。因此，专家评议理应成为教师评价决策评议的另一重要方式。为减少外部因素对专家评议的干扰，学校高校发展研究中心或高教所在组织专家评议时，最好采用盲评的方式，把本校的教师评价制度文本及基本情况介绍送交 3～5 位外地专家，由专家对学校教师评价方案的科学性、合理性、可行性等诸多方面进行评价，其后，由高校发展研究中心或高教所汇总评议信息，并把评议信息反馈给校行政会议和校教师评价委员会，从而为校行政会议督导教师评价委员会工作及校教师评价委员会改进自身工作提供参照。

五、应用型本科高校教师评价操作系统的构建

教师评价体系的改造，是由支持系统、决策系统、操作系统所构成的相互配合、相互协作的连续性过程。在这一过程中，支持系统的改造主要为教师评价体系创设良好的外部制度环境，决策系统的改造主要服务于教师评价制度的决策和制定，而操作系统的改造主要服务于教师评价制度的实施。新制度主义理论对文本制度与现实制度的划分无疑启示我们，制度成为文本并不意味着制度真正成为制度。文本制度与现实制度之间往往并不吻合，许多设计完美的文本制度常常在制度的执行过程中，并没有发挥其应有的效用。在实践层面，"有法不依、执法不严"的问题绝不是个别现象。由此可见，操作系统的改革是应用型本科教师评价制度能否在实践中发挥真实效用的关键举措，是应用型本科教师评价改革不可或缺的组成部分。

教师评价在本质上是对教师教学学术（艺术）、研究学术和应用学术的评价，作为一种学术范畴的实践活动，教师评价必然具有明显的学科与专业特性，基于此，本书认为，操作层面的教师评价，理应是一种"以院为本"的评价，即应以二级学院为基本组织单位来负责实施。具体说来，本

书认为，这种"以院为本"的教师评价操作系统应由实施系统与监督系统两部分组成。

（一）实施系统的构建

1. 评价实施前

为确保评价能按照评价制度的本真意义得以有效实施，在评价实施之前，有两个问题必须加以解决。

（1）评价制度信息的有效传递问题

从实证调研来看，在应用型本科高校，相当部分的教师和学生之所以对教师评价制度表现出漠视或不满，其不是针对制度本身，而是出于对制度内容的不知情或对制度内容的片面理解。因为，在教师评价制度信息的传递过程中，一些管理者在理念上把教师与学生视为抽象的群体而非具体的个人，习惯于以少数或部分教师、学生来指代教师与学生的群体，继而导致相当数量的教师个体与学生个体在信息传递中的缺位。为此，本书认为，要促使教师和学生对教师评价制度表现出应有的关心和责任意识，不仅有赖于能充分彰显师生诉求的良好制度设计，管理者也需要积极分享信息，能够对制度信息的重要性有所了解。

为了提高信息的传递效率，在学校和学院层面的评价委员会完成决策内容之后，制定出文本制度内容之后，二级学院的管理者们可以从下面两个主要的渠道促进教师和学生对制度信息的接收。

第一，建立合适的信息传递途径。学院管理者要利用合适的途径为教师和学生提供制度信息，途径不仅局限于过去学校中较为常见的文件下达方式，还包括有制度文件的张贴和公开，并且根据教师的工作手册和学生的指导手册上的内容来执行。

第二，推进师生对制度信息的理解。实践证明，因为教师和学生的视域和知识基础是不同的，所以在教师和学生在分析制度信息的过程中，会有所偏离。这说明，在传递信息内容时，如果教师和学生接收到的信息仅有静态化的文本，还不能更好地理解制度的内在含义，为了让教师和学生更为深刻地理解制度设计者的本意，制度设计者和学校的相关管理者应该从更为多元的途径推动和促进教师和学生对信息的理解。所以，在学校组织和管理者的帮助下，校、院两级教师评价委员会成员可以通过多种渠道帮助教师和学生理解评价信息的内在含义，帮助学生理解自己在评价实践中起到的作用，同时为教师的教学工作排忧解难。

（2）评价主体对评价制度的有效操作能力问题

评价的标准是客观的，评价的行为却是主观的。评价主体是否具有相应的评价能力，是确保评价活动具有较高效度的基本条件。在评价实践的活动中，如果评价者的评价素养不能满足评价的要求，那么评价者一方面不能够对教师评价活动作出客观的评价；另外评价者还有可能会在评价活动中完全按照自己的个人喜好和个人习惯来评价，使得价值判断的标准不稳定、不统一。所以，本书认为，在开始实施评价活动之前，二级学院内部应该积极组织对评价技能的培训活动，评价技能的培训过程主要覆盖三类主要的人群。

首先，是对师生的评价技能培训。学院在开展评价技能培训的过程中，可以结合多种不同的方式和方法，在培训的过程中，学院的主要目的是让教师和学生掌握评价设计的基本过程，以及评价活动的实施办法。在评价培训的帮助下，教师和学生能够在理念上接受和认同应用型本科教师的基本价值标准。

其次，是对教师评价技术人员开展的评价技能培训。在这里，我们先要对教师评价技术人员的定义作出一定的分析。教师评价技术人员是在二级学院内部，专门负责对教师评价信息的整理工作。从学理的角度分析，评价应该是一门专业性较强的活动，在这个活动的开展过程中需要评价人员结合专门的知识内容，才能够作出公正和客观的分析。所以，为了提升评价信息的质量，学院应该从提升教师评价技术人员的水平出发，组织并开展专门化的评价技能培训活动，以帮助他们学习评价的专业知识，提高评价技术。

2. 评价实施中

从实践层面看，"以院为本"的、有组织的教师评价实施，大体可以分为两种情况：一种是定期的教师教学检查，如学校在学期中期布置的教学检查，二级学院定期开展的教学评优或科研评优活动。前者的目的在于强化教师的教学常规管理，后者则属于选优评价，主要意在教师中树立榜样，激励教师努力工作。另一种是在学校统筹安排下，以年为单位对所有教师进行的评价考核，通过考核确定教师完成工作职责情况，并与学校年度岗位津贴相挂钩，这种评价的操作具有较鲜明的终结性、系统性特征，对教师考核通常较为全面，对教师发展的影响也更为深刻。

由实证分析可知，应用型本科传统的教师评价在实施过程中，往往是一种单向度的评价。也就是说教师评价考核小组监督并把控着评价进程的过程，接受评价的教师在评价的过程中实际上处于一个被动的地位，他们无法对评价的程序安排作出调节，他们也不了解评价指标的标准细则，包括同行评价、学生评教中的评价主体们，他们也不知道自己的评价会对最终的评价结果产生怎样的影响。基于上述，本书认为，"以院为本"的教师评价实施，应呈现以下过程：第一，评价操作组织的设置。以院教师评价委员会为基础成立学院教师评价考核小组，同时采取民主推选方式，注重吸纳普通教师代表作为教师评价考核小组成员。第二，信息的收集活动。在收集信息的过程中，一般应采用双向建构的方式，一方面应该由被评价的教师自己先提供在这一阶段内的服务情况；另外一个方面，应该由教师评价和考核的小组将把所有积累的工作信息发给所有的教师，从而扩宽收集评价信息的渠道；同时学院教师评价考核小组还要做好同行评价、学生评教以及校外评价的设计和组织工作。第三，信息处理活动。学院教师评价考核小组在获得同行评价、学生评教、校外评价的结果之后，组织专门工作人员对有关评价信息及教师自身上交的材料信息进行汇总、统计，并由教师评价委员会成员对处理后的信息，做最终的价值判断和价值认定。

为确保评价活动的公正性，同时又避免评价活动沦为学院教师评价考核小组的单边性行动，在教师评价实施中，还应突出体现以下一些基本特征。

（1）追求评价主体的多元化

检视当前的教师评价实践，高校管理者、教师、学生都已被视为评价主体，在一定程度上参与到评价活动中去。然而，在很多时空界域内，多类型评价主体的参与只代表评价形式的多样，并不直接意味着评价主体的多元化。因为，所谓多元的含义，主要是实现不同评价主体之间的合作和交流活动，评价活动开展的过程实际上也是众多评价主体在观念上的碰撞，并走向建构和完善的过程。

从应用型本科教师评价的特殊性分析，本书认为，评价主体的多元化可以有三层含义。

第一，评价者与被评价者的双向建构。被评价者不仅是一个单纯接受评价的客体，因为在实施评价的过程中，被评价者还应该主动提供相应的评价信息和评价的素材；而且在这些素材之中，还应该包括被评价者的自评内容，所以我们可以知道，被评价者可以主动实施评价实践的主体之一。双向建构的过程其实也是一个提升被评价者对评价活动信任度的过程，基于这一观点，学院教师评价考核小组在开展考核活动的过程中，应该将静态的评价和动态的评价结合在一起，以达到评价者和被评价者的双向沟通效果。在评价的过程中，深入了解并掌握被评价者活动素材的隐性价值也是非常重要的。

第二，不同评价主体的相互沟通。在前文中提到过，在具体的评价和实践过程中，不同类型的评价主体的视域和立场是不同的，为了让不同立场的评价主体积极转变自己的观点，并实现双方的相互理解，以达成各方都能够接受的评价结果。评价活动的组织者应该在评价的实践过程中，积极为拥有不同立场和观点的评价主体创造交流的良好机会，使得不同立场的评价主体能够充分表达自己的看法，并在交流和合作的良好氛围中实现观点之间的相互融合。

第三，从技术层面看，对评价主体多元化的追求，不应是统一化的要求，而应该根据教师所在的学科和岗位做适当的区分。例如，实践教学具有明确的实践指向性，在评价处于实践教学岗位教师的活动时，应该结合社会评价和企业评价，而在社会服务评价中，应该重点考虑社会人士和用人单位提供的评价信息；理论教学强调知识的基础性，对理论教学岗的教师可多考虑学生评教的方式，学生评教应在理论教学岗教师的教学评价中发挥更为重要的作用。

（2）追求评价信息收集的完整性

评价是一种价值判断活动，其开展的基础是事实性的材料。在具体的评价活动中，评价者对价值的判断是否客观，受到事实材料情况的影响较大。从现实情况看，评价活动事关每一位教师的切身利益，影响到每一位教师在院系中的影响力和地位。因此，追求评价信息收集的完整性，是学院教师评价考核小组在应用型本科教师评价中应有的行为表现。

在本书看来，评价信息收集的完整性主要有二：首先，信息资料收集内容上的全面性。教师评价考核小组要将需提供的材料以书面形式明确告知被评价者，被评价者应该在考核小组要求的时间内做好书面材料的准备，我们可以将教学评价的内容作为说明的案例，评价考核小组应该积极敦促被评价者开展各个环节的工作，从教学准备、教学的实际开展、对学生的辅导、作业考试等多个环节进行研究。其次，信息资料的收集在时间上是较为连贯的。我们对教师的评价实际上是对教师工作成效的评价，为了对被评价者的发展情况作出公平、客观的评价，考核小组应该从多个渠道搜集被评价者在这一学期或者这一年内的各种工作表现材料。

（3）追求价值判断的规范性

评价的主观性特征，既说明了不同评价主体可能会对同一事实材料作出不尽相同的价值判断，又意味着在评价实践中难以避免的利益主义倾向，致使一些评价主体在利益的驱使下，违背自身的价值标准，作出某些明显失之偏颇的价值判断。由此，在评价活动中，应给予一定的规范性约束，以减少或避免价值判断的出轨。

在本书看来，构建价值判断的规范性可有以下途径：第一，以实体制度为基本参照。教师评价的实体制度是应用型本科各类利益相关者集体智慧的结晶，因此，评价应充分地与应用型本科的发展有机联系起来，以实体制度的有关规定和安排作为基本价值评判尺度。第二，以高等教育领域的主流价值认识为重要依据。教师活动的复杂性和动态性意味着，即使再尽善尽美的评价标准也难以为所有评价内容和对象设定确切的参照，在评价实践中，教师评价委员会成员经常会遭遇到制度文本之外的新问题和新情况，对此，需要每一位评价主体能本着公平、公正的原则，基于高等教育的主流认识作出自己的价值判断。

3. 评价实施后

在以应用型本科定位的高校，传统的教师评价模式对评价结果的使用易出现两方面问题：第一，在理念上，以评价结果的呈现作为评价活动的终结环节，而非教师专业发展的中继性环节，从而忽视评价活动对教师发展的积极意义。第二，在结果呈现上，许多高校管理者只重视呈现最终的数据结果，即综合评价的最终数据。而对于这一数据所代表的教师工作现状，及数据背后所反映的不同教师具体的教学、科研与社会服务状况，则鲜有探究。

因此，在得出教师评价的结果后，学院教师评价考核小组的评价工作还不算正式完成。为让教师评价结果发挥最终的敦促作用，考核小组在向学校和二级学院公布评价的最终结果时，应该为教师发放一份内容详尽、评价客观的评价报告。在这份报告中，要对最终评价结果进行详细的分析和说明，使得每一位教师都能够充分认识到自己在每一项工作上具有哪些优点，同时也存在哪些不足。此外，学院教师评价委员会成员还应根据每一位教师的考核评价情况，针对教师在教学、科研与社会服务工作中存在的不足，提出相应的发展建议，以引导每一位教师清晰地认识自己的弱势所在，并为其今后如何发展提供相关思路。

（二）监督系统的构建

博弈理论认为，任何一项组织行动的作出，都是组织中各种利益群体相互博弈的结果。在博弈过程中，每一利益群体都想方设法推动自身利益向最大化迈进。在应用型本科高校，教师内部同样有不同利益群体存在，如管理者群体、教授群体、普通教师群体等，这些利益群体在教师评价操作过程中所发挥的作用和能量存在较大差异。一般说来，普通教师群体对评价操作的参与性要远远弱于具有行政身份的管理者群体和作为学术权力代表的教授群体。这也就意味着，那些对评价结果具有更大影响力的群体，在理论上存在挤压弱势群体的切身利益而推动自己利益最大化的可能性。由此，为保证教师评价工作的公正、公平，我们不仅要持续推进评价程序的科学性和评价操作的规范性，同时还需要在制度上设立相应的预警和监督机制，以促使每一位教师在自身或他人的利益遭受侵害，及发现教师评价操作中的不正当行为时，能表达出自己的不满和诉求，并保证这些评价中出现的行为偏差能得到及时纠正，导致行为偏差的当事人能及时受到处理。

教师评价在操作上是一种"以院为本"的评价活动。因此，本书认为，以应用型本科定位的高校可考虑建立两个层级的教师评价仲裁委员会，即校教师评价仲裁委员会和院教师评价仲裁委员会。无论是校教师评价仲裁委员会还是学院教师评价仲裁委员会，其人员构成中不应含有教师评价委员会成员，而宜采用教师民主推选的方式，由教授和普通教师各占1/2的比例构成，并选择有优良声誉和品行的资深教授担任主席。

教师评价仲裁的基本程序是：第一，学院教师评价仲裁委员会在教师评价结果公布后的规定时限内，接收教师的实名申诉或投诉。第二，由学院教师评价仲裁委员会主席组织成员对评价材料、评价程序进行复核，以检视评价活动的规范性，同时根据教师评价的原始材料，作出评价仲裁。如在复核过程中，发现评价本身确实存在违规操作问题，应将这一信息通报全院教师。第三，学院教师评价仲裁委员会在将仲裁结果及时通告申诉教师后，如申诉教师对仲裁结果有异议，为进一步确保教师权益，申诉教师可在规定时限内向校教师评价仲裁委员会提出上诉。第四，校教师评价仲裁委员会按照相应仲裁程序作出最终裁定。

参考文献

［1］陈寒. 应用型本科高校教师工作考核制度研究［M］. 武汉：华中师范大学出版社，2023.

［2］梁娟. 应用型本科院校教师发展研究［M］. 长春：东北师范大学出版社，2019.

［3］张泳. 应用型本科院校教师工程教育能力研究［M］. 南京：南京大学出版社，2020.

［4］任彦. 应用型本科高校教师人才队伍建设［M］. 延吉：延边大学出版社，2019.

［5］闫江涛. 教师专业发展概论［M］. 武汉：华中科技大学出版社，2022.

［6］魏晓艳. 应用型大学教师发展研究［M］. 上海：上海交通大学出版社，2020.

［7］张辉. 城市型、应用型大学教师教学发展研究［M］. 北京：北京理工大学出版社，2020.

［8］王冬冬. 应用型大学的教师与学生［M］. 南京：南京大学出版社，2018.

［9］李燕. 新时期高校教师能力培养与专业化发展探究［M］. 成都：四川大学出版社，2018.

［10］孟猛，宗美娟. 应用型本科高校教育教学理论与实践［M］. 长春：吉林出版集团股份有限公司，2021.

［11］董芳敏，蔡萌. 应用型高校"双师型"教师队伍建设研究［J］. 科教导刊，2023（31）：93-95.

［12］吕芳华．基于应用型人才培养的双师型教师队伍建设研究［J］．湖北开放职业学院学报，2023，36（20）：47-49.

［13］刘斌，张培华，张世海．应用型本科高校教师队伍教育教学素能模型构建［J］．南阳理工学院学报，2023，15（5）：91-96.

［14］陈元艺，邵景奎．应用型本科院校教师科研评价机制研究［J］．高教学刊，2023，9（26）：150-155.

［15］曹志强，潘新薇．应用型高校教师教学能力评价体系的构建［J］．中国成人教育，2023（15）：69-72.

［16］周兴志．地方应用型本科高校"双师双能型"师资队伍建设研究述评与展望［J］．西安航空学院学报，2023，41（4）：89-94.

［17］李欣．应用型高校教师教学发展中心存在问题及对策研究［J］．河南教育（高等教育），2023（6）：11-13.

［18］宫珂．应用型高校教师评价体系构建路径选择[J]．中国高等教育，2023（12）：38-41.

［19］贾帆帆，陈小娟．应用型本科院校教学评价研究综述［J］．湖北开放职业学院学报，2023，36（10）：42-43，49.

［20］王莉方，覃永贞．我国应用型高校教师教学发展：特征、问题及对策［J］．北京联合大学学报，2023，37（3）：43-48.

［21］韩冰．地方应用型本科高校内部教学质量保障体系研究［D］．石家庄：河北科技大学，2022.

［22］秦利敏．应用型本科院校教师实践教学能力评价及提升策略研究［D］．秦皇岛：河北科技师范学院，2022.

［23］王娅诺．新建应用型本科院校教师教学投入研究［D］．淮北：淮北师范大学，2021.

［24］黄珍．基于能力本位的地方高校应用型人才培养模式研究［D］．上海：华东理工大学，2021.

［25］曾臻．应用型本科高校实践教学体系研究［D］．昆明：云南师范大学，

2020.

［26］赵彩丽.应用型本科课堂教学质量评价现状与对策研究［D］.石家庄：
河北师范大学，2020.

［27］黄文琪.产教融合背景下应用型大学师资队伍建设研究［D］.武汉：
武汉理工大学，2019.

［28］周琬馨.应用型大学教师教学能力评价体系研究［D］.厦门：厦门大
学，2017.

［29］白雪.应用型本科院校实践教学体系建设研究［D］.大庆：东北石油
大学，2017.

［30］汪文婷.我国应用技术大学双师型师资队伍建设研究［D］.哈尔滨：
哈尔滨理工大学，2015.